GAODENG XUEXIAO FUDAOYUAN GONGZUO LILUN YU SHIWU
高等学校辅导员工作理论与实务

苟灵生　柯什托巴耶娃·阿勒玛古丽　编著

西北工业大学出版社

【内容简介】 本书涵盖了管理学、教育学、心理学、政治学和创业学等多门学科的基本原理、基本观点、基本思想,并将这些思想融入大学生思想政治教育的全过程。

本书共分为4章,以高校辅导员队伍建设为主线,以图文案例阐述了高校辅导员开展大学生思想政治教育管理工作的理论与实务方法。各章内容都具有针对性,真正做到了贴近实际、贴近生活、贴近学生,每章内容结束后都设有图解、案例,更加鲜明生动地将本章内容与实际工作结合起来。

本书可作为高等学校辅导员管理用书,也可作为初涉管理学读者的入门读物。

图书在版编目(CIP)数据

高等学校辅导员工作理论与实务 / 苟灵生,柯什托巴耶娃·阿勒玛古丽编著. — 西安：西北工业大学出版社,2017.7
ISBN 978-7-5612-5452-3

Ⅰ.高…　Ⅱ.①苟…　②柯…　Ⅲ.高等学校—辅导员—工作　Ⅳ.G645.1

中国版本图书馆 CIP 数据核字(2017)第182048号

策划编辑：杨　军
责任编辑：刘宇龙

出版发行：西北工业大学出版社
通信地址：西安市友谊西路127号　　邮编：710072
电　　话：(029)88493844　88491757
网　　址：www.nwpup.com
印 刷 者：陕西向阳印务有限公司
开　　本：727 mm×960 mm　　1/16
印　　张：11.5
字　　数：185千字
版　　次：2017年7月第1版　　2017年7月第1次印刷
定　　价：38.00元

陕西省委高教工委高校辅导员
精品项目专项课题建设成果

办好中国特色社会主义大学,要坚持立德树人,把培育和践行社会主义核心价值观融入教书育人全过程;强化思想引领,牢牢把握高校意识形态工作领导权;坚持和完善党委领导下的校长负责制,不断改革和完善高校体制机制;全面推进党的建设各项工作,有效发挥基层党组织战斗堡垒作用和共产党员先锋模范作用。

——习近平

序

2016年12月7日至8日,全国高校思想政治工作会议在北京召开。中共中央总书记、国家主席、中央军委主席习近平出席会议并发表重要讲话。他强调,要坚持把立德树人作为中心环节,把思想政治教育工作贯穿教育教学全过程,实现全程育人、全方位育人,努力开创我国高等教育事业发展新局面。

高等学校辅导员是高等学校教师队伍和管理队伍的重要组成部分,具有教师和干部的双重身份。辅导员是开展大学生思想政治教育的骨干力量,是高校学生日常思想政治教育和管理工作的组织者、实施者和指导者。辅导员应当努力成为大学生的人生导师和健康成长的知心朋友,牢牢坚持以马克思主义为指导。

大学生思想政治工作要遵循社会的发展规律、教书育人规律和人才成长规律,教育工作不仅要传递知识,更要以立德树人为目标,满足大学生的自身发展需求,还要实现社会和国家的期待。高等学校辅导员在从事大学生思想政治教育、党团和班级建设、学业指导、日常事务管理、心理健康教育与咨询、网络思想政治教育、危机事件应对、职业规划与就业指导、理论和实践研究等,深深扎根并寻找符合大学生健康成长、中华文化传承的发展的规律和方法之道,这体现了高等学校辅导员的工作、实践、经验和价值追求一代代传递下去。

在中共陕西省委高教工委和西北工业大学党委的领导下,西北工业大学明德学院坚持社会主义办学方向,坚持以马克思主义为指导,加强对中国特色社会主义理论体系的宣传阐释,引导大学生真学、真信、真懂、真用,做到入眼、入耳、入脑、入心;加强理论和实践,健全完善有关管理制度,防止理论和实践两张皮,确保加强理论教学、科研和实践活动的方向。为深入贯彻落实全国高校思想政治工作会议精神,加强和改进新形势下思想政治工作的使命担当,进一步提高政治站位和政治觉悟,从党的事业发展全局的高度,不断改进完善我校思想政治教育工作,作者编写了本书。本书是中共陕西省委高教工委落实中央关于全国高校思想政治工作会议精神的体现,也是西北工业大学明德学院贯彻落实好新形势下高校思想政治教育工作的新精神、新要求和新部署，是校党委结合实际对进一步做好学校思想政治教育工作进行的顶层设计文件，是西北工业大学明德学院全体师生努力奋斗的成果。

本书涵盖多门学科的基本理论，围绕高等学校辅导员队伍专业化建设的主线，围绕高等学校辅导员开展学生管理工作和大学生思想政治教育工作的理论和方法实务，解决管理中的突出问题以精细化、制度化、流程化为主体框架。全书始终贯穿马克思主义的立场、观点和方法，可读、可学、可用。本书内容具有很强的战略性、政治性、思想性和针对性，提出了一系列重大创新成果，对于加强和改进新形势下高校思想政治工作有指导作用，帮助高等学校辅导员在掌握理论中强化马克思主义的学习研讨，提高他们的大学生思想政治工作能力、各种工作辨析能力和驾驭能力，使社会主义核心价值观深植于广大师生心中。

本书脉落清晰，内容精练，逻辑性强，思路开阔。本书精心设计的图例，让教师和学生在最短的时间内，掌握通常认为不易理解的管理技术和方法。本书作者苟灵生是西北工业大学明德学院公共教育系的青年教师，柯什托巴耶娃·阿勒玛古丽是西安交通大学管理学院的博士生。

党中央切实加强高校思想政治工作的决心，也是对各级党委、政府各部门、各高校提出的新要求。腰杆硬是指要理直气壮地抓好思想政治工作，旗帜鲜明地提出坚持社会主义办学方向，对错误行为、错误倾向敢于亮剑，坚决抵制。底气足就是要研究高校思想政治工作规律，教书育人规律，人才成长规律，切实提高思想政治工作的吸引力、说服力和感染力。

我们坚信，在上级党委的领导下，坚持全面贯彻党的教育方针，坚持社会主义办学方向，落实立德树人的根本任务和实现中华民族伟大复兴中国梦一定能够实现。

吴丁毅[①]
2017 年 6 月于西安

[①] 西北工业大学教授、博士生导师、陕西省教学名师、西北工业大学明德学院院长。

前　言

　　管理的现象学范式认为,组织不是一种客观存在,而是一种社会建构,是一个为他人所共享的理念。个体是实体,引导行为的是共同的决定和共识。组织生活的大多数事情就是不断地建构和解释意义。作为认识世界主体的管理者本身同时也是参与者,教育管理的价值观在意义建构中起着重要的作用。社会经济的进一步发展,使教育管理寻求变革,实现新的、突破性的发展。沿着人类历史的长河,循着历史演进的轨迹,就可以发现教育思想、教育观念、教育方式的渐进过程。这种过程可以概括成人类经济(生产)活动 $\xrightarrow{产生}$ 教育 $\xrightarrow{反作用促进}$ 经济发展 $\xrightarrow{教育产生危机}$ 教育发展,如此波浪式前进,推动着社会的进步、文明和繁荣。

　　教育部制定的《高等学校辅导员职业能力标准》(暂行)明确提出,高等学校辅导员是开展大学生思想政治教育的骨干力量,是高校学生日常思想政治教育和管理工作的组织者、实施者和指导者。高等学校辅导员应当努力成为学生的人生导师和健康成长的知心朋友,并推动了高校辅导员队伍专业化、职业化的发展。从观念上看,高等学校辅导员教育管理工作,无论从本体论还是从范式论的角度而言,他们的工作方法正在发生着管理学科的范式转变。

　　高校思想政治工作是一项重要的政治任务,高校思想政治工作是加强党对高校领导的重要组成部分,关系到培养什么样的人,如何培养人以及为谁培养人这个根本问题。加强和改进新形势下高校思想政治工作是各高校的使命担当和职责所在,为深入贯彻落实全国高校思想政治工作会议精神,要进一步提高政治站位和政治觉悟,从党的事业发展全局的高度,聚焦立德树人根本任务,不断改进完善思想政治工作,进一步提高思想政治工作的针对性和实效性。

　　近年,陕西省委高教工委遵循教育部的有关精神和工作导向,突出"精实化、精细化和精品化"工作思路,强化前瞻性、实效性和示范性相统一,在高校辅导员队伍建设和精品项目建设方面进行了有益的尝试和探索,开辟了以精品项目建设提升大学生思想政治教育工作质量的"新亮色",为各高校辅导员队伍建设激发了新活力、注入了新动力。陕西省高教工委通过搭建辅导员年级组交流平台、成立辅导员志趣发展小组、设立"辅导员心理工作室""教育管理微学院、微平台"等,着力打造"网格化"队伍组织架构;通过加强顶层设计、突出重点培育、优化过程管理、强化示范引领,着力做实"全方位"项目实施保障;通过高校辅导员工作精品项目的培育和建设,形成了一批定位前沿、基础过硬、实效明显的优秀"旗舰"项目,引领着学生工作不断向规范化、精品化、科学化方向发展。同时,也正是由于精品项目的"细、实、精",使得大学生思想政治教育的吸引力、针对性和实效性不断增强,学生对辅导员工作和学生工作的满意度也逐年提升。本书是陕西省高教工委高校辅导员精品项目立项建设的成果。

本书涵盖管理科学理论、教育哲学理论、职业教育和创新创业教育的基本理论,以高等学校辅导员队伍专业化建设为主线,围绕高等学校辅导员开展学生管理工作方法,解决管理中的突出问题,以精细化、制度化、流程化图文并茂为主体框架,以科学管理学为依托,主要在四方面做了延伸:从管理理论延伸出管理范式,从管理职能延伸出方式方法,从人才培养延伸出职业技能和创新创业职能。

本书内容分为四章。第一章为价值引领,包括管理理论的形成和发展,以及高等学校辅导员工作中计划、组织、领导和控制方法。第二章介绍学生管理的流程方法,包括新时期高等学校辅导员队伍专业化建设,以及开展工作所涉及的主要内容和工作流程。第三章是职业技能培养部分,包括职业教育学、人才能力模式、"行、企、校"模式、人才过程模式、改革创新模式。第四章是创新创业教育部分,包括创业概述、创业预备、创业谋划、创业营销和创业实践。本书第一、二、四章内容由苟灵生完成,共计15万字;第三章部分内容由柯什托巴耶娃·阿勒玛古丽完成,共计3.5万字。

像其他许多学科一样,教育管理理论范式发生了转变,新的范式将从根本上改变高等学校辅导员工作的理论与实践的思维方式,本书旨在通过探索其对范式变化的贡献及高校辅导员工作理论与实务的专题研究,也旨在为高等学校辅导员工作提供一种工作规范和工作方法。

在本书写作过程中,西北工业大学明德学院院长吴丁毅,党委书记龚福和和副书记沙治邦给予了指导;霍国元副研究员、虞筠副研究员、林建平副部长、段哲民教授、孙根正教授、崔义中教授、韩祜生副教授、支希哲教授、王兴亮教授、谢永春等老师给予了大力支持。西北工业大学出版社雷军副社长、杨军副部长也给予了大力的支持。对他们的关心、支持和帮助表示衷心的感谢。

本书在框架梳理和写作的过程中,曾参阅了相关的研究成果和文献资料,在此,谨向其作者深致谢忱。

由于时间仓促,水平所限,书中难免存在一些不足之处,希望读者不吝赐指教,我们表示衷心感谢。

作　者

2017 年 6 月

目　　录

第一章　价值引领:科学管理原理 1

  1.1　管理 1
      1.1.1　科学管理思想 1
      1.1.2　管理领域变革 6
  1.2　计划 12
      1.2.1　计划编制过程 13
      1.2.2　决策基本程序 17
  1.3　组织 23
      1.3.1　组织协作系统 23
      1.3.2　组织管理幅度 26
  1.4　领导 27
      1.4.1　辅导领导异同 28
      1.4.2　管理方格理论 31
  1.5　控制 33
      1.5.1　控制及其职能 33
      1.5.2　标杆控制步骤 36

第二章　情系学生:彰德启智 48

  2.1　工作理念 48
      2.1.1　以学生为中心 49
      2.1.2　场域情境要素 52
  2.2　角色定位 55
      2.2.1　角色目标定位 56
      2.2.2　职业兴趣模型 57
  2.3　学业心理 61
      2.3.1　学业主观因素 62
      2.3.2　心理健康标准 65

2.4 日常管理 ·· 72
    2.4.1 日常事务管理 ··· 73
    2.4.2 激励沟通倾向 ··· 76
2.5 工作流程 ·· 79
    2.5.1 迎新就业工作 ··· 79
    2.5.2 相关工作机制 ··· 84

第三章　技能培养：职教梦　领航梦　88

3.1 职业教育 ·· 89
    3.1.1 职业价值理念 ··· 89
    3.1.2 职业实践组织 ··· 98
3.2 过程模式 ·· 101
    3.2.1 职业赋分平台 ··· 102
    3.2.2 职业人才模式 ··· 104
3.3 能力模式 ·· 106
    3.3.1 工作过程模式 ··· 106
    3.3.2 仿真实训模式 ··· 108
3.4 生涯模式 ·· 110
    3.4.1 生涯目标实现 ··· 111
    3.4.2 生涯目标过程 ··· 112
3.5 创新模式 ·· 113
    3.5.1 职业兴趣模式 ··· 113
    3.5.2 创新合作模式 ··· 115

第四章　创新创业　成就梦想　125

4.1 创业概述 ·· 125
    4.1.1 创业模型概述 ··· 126
    4.1.2 广义狭义创业 ··· 132
4.2 创业预备 ·· 138
    4.2.1 创业者的特征 ··· 138
    4.2.2 创业机会识别 ··· 139
4.3 创业谋划 ·· 141
    4.3.1 何谓创业资源 ··· 142

  4.3.2 何谓创业策划 ………………………………… 143
 4.4 创业营销 ……………………………………………… 147
  4.4.1 创业营销结构 ………………………………… 147
  4.4.2 创业团队核心 ………………………………… 149
 4.5 创业实践 ……………………………………………… 151
  4.5.1 企业注册程序 ………………………………… 152
  4.5.2 商业模式开发 ………………………………… 155

后记 ……………………………………………………………… 166

参考文献 ……………………………………………………… 167

第一章
价值引领：科学管理原理

以新的态度对组织管理学的经典文献进行分析,管理是协调人力、物力和财力方面的资源。一个组织要有成效,必须使组织中的各个部门、各个单位,直到各个人的活动同步与和谐。

高等学校辅导员是高等学校教师队伍和管理队伍的重要组成部分。辅导员应当努力成为学生的人生导师和健康成长的知心朋友。高等学校辅导员管理工作是辅导员工作的重要组成部分。辅导员处于学校与学生联系的第一线,学校的每一项要求、每一项工作举措、每一次活动安排,都要通过辅导员传达和落实。辅导员在规范管理学生的学习、生活,维护校园正常的办学秩序,协调学生之间的关系等方面发挥着重要作用。同时,学生们在学习、生活上遇到了困难,对学校工作有什么意见和建议,也总会向辅导员反映和寻求帮助。在这个过程中辅导员承担了主要的管理工作,是维系学校与学生正常联系的桥梁和纽带,是整个学校教育管理体系中的重要环节,与专业教育和课堂教学共同构成了学校育人的完整系统。

1.1 管 理

长期以来,中外学者从不同角度提出了许多观点,各自在不同的背景下,从某个侧面反映了管理的内涵。本章通过高校辅导员对组织的各类资源进行有效的计划、组织、领导和控制,以便组织成员高效率的实现组织目标。科学管理原理是对高等学校辅导员管理活动的基本运动规律的概括,是大量管理实践经验的升华,是在特定的环境下,对组织所拥有的资源进行有效的计划、组织、领导和控制,以便达成要求的组织目标的过程。

1.1.1 科学管理思想

近代以前的中国传统社会,商业和手工业都有着悠久的历史,商品经济在许多时期曾相当繁荣。但是没有出现资本与雇佣劳动的交换关系。传统社会的官府手工业、官营商业，还有民间作坊、工场、商号，都不是企业形式。相对于古代管理来说，近代管理不仅是管理方法的创新、更是一场总体性的社会生产方式的变革和社会转型。中国真正意义上的企业形式出现于鸦片战争以后，这场变革始于观念的改变，近代管理植根于商业经济观念。明清以前的商业经济观念对于近代管理的产生起到了预热的作用。国门打开之后，在西方工商思想的冲击下，一批率先追随世界的人所宣扬的商务思想为现代工矿企业兴办和发展提供了思想前提。

彼得·费迪南德·德鲁克（Peter Ferdinand Drucker，1909年11月19日—2005年11月11日）是一位奥地利出生的作家、管理顾问、大学教授。他专注于写作有关管理学范畴的文章，"知识工作者"一词经由彼得·德鲁克的作品变得广为人知。他催生了管理这个学科，他同时预测知识经济时代的到来，被誉为"现代管理学之父"。他的言论和政治立场一直属于保守派。同时，在管理界是受人尊敬的思想大师，他的著作影响了数代追求创新以及最佳管理实践的学者和企业家们，各类商业管理课程如 EMBA、MBA 等也都深受彼得·德鲁克思想的影响。

管理学作为一门科学，作为一种实践，涉及人与社会的价值观。组织不是为自己的存在而存在，它是有自己的最终目标的。对于一般企业而言，最终目标是经济效益；对于公立医院而言，最终目标是治病救人；对于高校而言，最终目标是教书育人。为了达到这些目标，管理，这一独特的现代发明，把人们组织起来协同工作，并建立起社会组织。如图 1-1-1 所示。

德鲁克说过："专心"是一种勇气，敢于决定真正该做和真正先做的工作。围棋泰斗吴清源经常说的话是"勿搏二兔"，寓意同时追逐两只兔子，最大的可能是两手空空。认准一只兔子追下去，还可能有所收获。人的精力、组织的资源总是有限的，专注于一件事情，才能想得更深、做得更到位。专注不等于坚持，有时更是意味着放弃。道理再简单不过，但是在具体的选择面前，是坚持，还是放弃，永远都是一个难题。

德鲁克认为，管理者有两大具体任务，其中之一就是"平衡组织当前的和长期的利益"。管理者都会关注未来，但是投资未来会有成本和风险。如果为了未来的利益，要损害或者放弃当前的既得利益，这时候选择就变得艰难。

成功的个人，专注意味着收心。成功的组织，专注更意味着放弃。放弃需要有对未来的远见卓识,以及挑战自身的勇气。为了明天,每个管理者都应该严肃认真地考虑,我该放弃些什么。

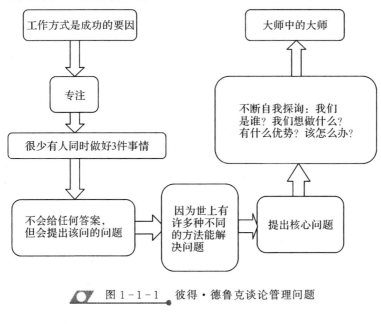

图 1-1-1　彼得·德鲁克谈论管理问题

1.1.1.1　彼得·德鲁克管理哲学思想

彼得·德鲁克 1909 年生于奥地利首都维也纳,祖籍荷兰,后移居美国。德鲁克从小生长在富裕文化的环境之中,其 1979 年所著的自传体小说《旁观者》对其成长历程作了详细而生动的描述。

彼得·德鲁克出生在奥匈帝国统治下的维也纳,其家族在 17 世纪时就从事书籍出版工作。父亲是奥国负责文化事务的官员,曾创办萨尔斯堡音乐节;他的母亲是奥国率先学习医科的妇女之一。

德鲁克先后在奥地利和德国受教育,1929 年后在伦敦任新闻记者和国际银行的经济学家。于 1931 年获法兰克福大学法学博士学位。

1937 年移民美国,曾在银行、保险公司和跨国公司任经济学家与管理顾问,1943 年加入美国籍。德鲁克曾在贝宁顿学院任哲学教授和政治学教授,并在纽约大学研究生院担任了 20 多年的管理学教授。

1.管理学的真谛

"管理是一门学科,这首先就意味着,管理人员付诸实践的是管理学而不是经济学,不是计量方法,不是行为科学。无论是经济学、计量方法还是行为科学都只是管理人员的工具。但是,管理人员付诸实践的并不是经济学,正好像一个医生付诸实践的并不是验血那样。管理人员付诸实践的并不是行为科学,正好像一位生物学家付诸实践的并不是显微镜那样。管理人员付诸实践的并不是计量方法,正好像一位律师付诸实践的并不是判例那样。管理人员付诸实践的是管理学的哲学思想。"如图1-1-2所示。

彼得·德鲁克还认为:企业经营的最终目标是顾客满意;目标管理才能达成顾客满意及合理利润;管理师责任履行不是权利动用;经营管理要靠专业管理;知识经济时代的知识工作者特别重视创新;信息科技很重要。

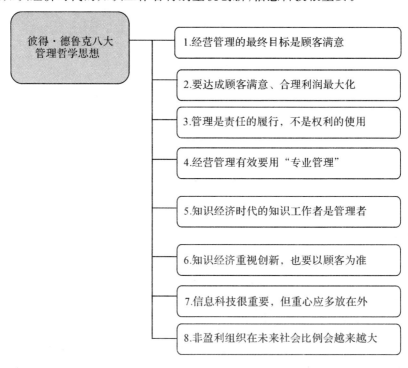

图1-1-2 彼得·德鲁克八大管理哲学思想

2. 彼得·德鲁克相关格言

1) 管理者,就必须卓有成效。To be effective, is the job of the executive.

2) "认识你的时间",只要你肯,就是一条卓有成效之路。"Know ∶Thy ∶Time" if he wants to, and be well on the road toward contribution and effectiveness.

3) 卓有成效是可以学会的。Effectiveness can be learned.

4) 卓有成效是一种习惯,是不断训练出来的综合体。Effectiveness is a habit;that is a complex of practices.

5) 一个重视贡献的人,为成果负责的人,不管他职位多卑微,他仍属于"高层管理者"。The man who focuses on contribution and who takes responsibility for results,no matter how junior,is in the most literal sense of the phrase,"top management".

6) 谁必须利用我的产出,以使我的产出卓有成效? Who has to use my output for it to become effective?

7) 有效的管理者在用人所长的同时,必须容忍人之所短。The effectiveness executive knows that to get strength one has to put up with weakness.

8) 有效的管理者用人,是着眼于机会,而非着眼于问题。They focus on opportunity in their staffing—not on problems.

9) 我们该知道运用自己上司的长处,这也正是下属工作卓有成效的关键。Making the strength of the boss productive is a key to the subordinate's own effectiveness.

10) 有效的管理者会顺应自己的习性,不会勉强自己。The effective executive tries to be himself,he does not pretend to be someone else.

11) 有效的管理者坚持把重要的事放在前面做,每次只做好一件事。They concentrate their own time and energy as well as that of their organization—on doing one thing at a time,and on doing first things first.

12) 管理者的一项具体任务就是要把今天的资源投入到创造未来中去。To commit today's resources to the future.

13) 有效的管理者打算做一项新的业务,一定先删除一项原有的业务。The effective executive will slough off an old activity before he starts on a new one.

14) "专心"是一种勇气,敢于决定真正该做和真正先做的工作。Concentrafion—that is,the courage to impose on time and events his own decision as to what really matters and comes first.

15) 有效的管理者不做太多的决策。他们所做的,都是重大的决策。Effective executives do not make a great many decisions.They concentrate on

the important ones.

16)有效的管理者需要的是决策的效果,而不是决策的技巧;要的是好的决策,而不是巧的决策。They want impact rather than technique, they want to be sound rather than clever.

17)有效的决策人,首先要辨明问题的性质:这是一再发生的经常性问题呢,还是偶然的例外? The first question the effective decision-maker asks is: "Is this a generic situation or an exception?"

18)要看"正当的决策"是什么,而不是"人能接受的"是什么。One has to start out with what is right than what is acceptable.

19)我们应该将行动纳入决策当中,否则就是纸上谈兵。A decision will not become effective unless the action commitments have been built into the decision from the start.

20)有效的管理者都知道一项决策不是从搜集事实开始的,而是先有自己的见解。People do not start out with the search for facts, they start out with an opinion.

1.1.2 管理领域变革

混沌理论(Chaos Theory)是一种兼具质性思考与量化分析的方法,用来探讨动态系统中(如:人口移动、化学反应、气象变化、教育管理行为等)必须用整体、连续的而不是单一的数据关系才能加以解释和预测的行为。

混沌不是偶然的、个别的事件,而是普遍存在于宇宙间各种各样的宏观及微观系统的,万事万物,莫不混沌。混沌也不是独立存在的科学,它与其他各门科学互相促进、互相依靠,由此派生出许多交叉学科,如混沌气象学、混沌经济学、混沌数学等。混沌学不仅极具研究价值,而且有现实应用价值,能直接或间接创造财富。理论上研究混沌的目的是多方面的:揭示混沌的本质(内在随机性)、刻画它的基本特征、了解它的动力性态,并力求对它加以控制,使之为人类所用。

20世纪90年代在管理学领域所流行的学习型组织理论,恰恰是混沌非线性范式在管理科学中的最好证明。现认真比较了学习型组织理论与混沌理论之间的契合点,发现它们几乎就是一个范型,见表1-1-1。

表 1-1-1　学习型组织理论与混沌理论之间的契合点

混沌理论	学习型组织
决定论的混沌	模糊逻辑、群体常模、一致性
奇异吸引子	统计趋向、群体常模、一致性
分支点	革新
敏感性依存	正反馈、行于本地,在关键事件或关键期的领导
自组织	适应

从总体上讲,非线性混沌时空观强调组织行为是非决定性的,通过学习、通过对有效的冲突,通过跃迁性的激励,使群体发生质的变化,能够在高位上获得组织,使组织产生应对外界环境变化的能力。[①]

1.1.2.1　管理复杂性内涵及其特征

20世纪六七十年代,随着线性系统理论走向成熟,科学家面对的系统问题越来越复杂。信息论、控制论、运筹学面临"何去何从"的问题,这种窘迫促使复杂性科学探索重新高涨起来。复杂性科学研究已遍及所有发达国家,复杂性成为一种科学思潮、一种文化运动,目前,复杂性科学称得上学派林立,观点纷呈。当复杂性科学研究基本由从事新型学科、交叉学科、应用学科的学者倡导和推进时,其中有三大主流学派初步形成一种繁荣局面,代表现代科学一种全局性的新动向。

1. 三大学派

(1) 欧洲学派

复杂性科学研究在德、比、荷、奥、英、法、丹等国都有引人瞩目的成果。贡献最大的当以比利时普利高津(Ilya Prigogine)为首的布鲁塞尔学派,主要是:较早论证了复杂性科学的概念和提出"探索复杂性"的响亮口号;开展远离平衡态研究,提出耗散结构论(Dissipative Structure),在有关复杂性研究的哲学观点、科学思想、方法论等方面,布鲁塞尔学派的影响深远。其次是迪伊·哈克(Dee Hock)学派的协同学理论(Synergetics)。

总的说来,欧洲学界的复杂性研究"具有浓厚的人文情怀和哲学精神"。

---

① Kevin J.Dooley,Timothy L.Jonhson,David H.Bush Chaos and Complexity.IOS Press Human Systems Management 1995(14):287—302.

(2) 美国学派

圣菲研究所(Santa Fe Institude)被称为世界复杂性科学研究的中枢。最重要的是他们提出的一些概念和方法,被看作"代表着一种新的态度、一种看问题的新角度和一种全新的世界观"。复杂适应系统(CAS)理论,代表复杂性科学研究和系统理论科学的一个重要方向,对解决一大类复杂系统问题比较有效。其实,有科学方法的重要创新,就有方法论的创新。

乔治·梅森大学成立了集成科学现代研究所,以沃菲尔德(William Warfield)为代表,围绕管理问题研究复杂性。他认为复杂性科学的核心是由三个相关的方面构成的集合,简记作 LTI 集:

LTI 集＝{复杂性的定律,这些定律的分类,复杂性的指标}

(3) 中国学派

中国复杂性研究早在 20 世纪 80 年代中期,通过系统学讨论班聚集起来一批力量,以开放的复杂巨系统(OCGS)理论为学术旗帜,开国内复杂性科学研究之先河,我们称之为钱学森学派。起初,钱学森学派被人当作伪科学。10 多年后才被接受。该学派的贡献主要是提出复杂性研究的独特思路和方法论。

2.概念描述

科尔莫格洛夫描述复杂性定义:

对每一个 D 域中的对象 K,我们称最小程序 p 的长度 $|p|$ 就是运用指定方法 S 产生的关于对象的复杂性。对高校学生而言,设给定的变量为 χ,将产生 χ 的效果记为 p。对一所高等学校来说,p 是输入,χ 是输出。粗略地说,关于一个符号串 χ 的科尔莫格洛夫复杂性,就是产生的最短程序拍的长度。上述定义可写为:

$$Ks(\chi) = \min\{|p|:S(p)=n(\chi)\}$$

$$Ks(\chi) \to \infty,如果不存在 p。$$

其中 $Ks(\chi)$ 即科尔莫格洛夫复杂性。后一个公式的含义明显,即如果传送的符号串完全杂乱无章,找不到任何规律(即程序 p),那么,复杂性就等于符号串本身,二符号串是无规则的无穷数,复杂性即无穷。

德国学者克拉默利用系统来定义复杂性。他认为:"复杂性可以定义为系统表明自身方式的对数,或是系统可能性状态数目的对数:$K = \log N$,式中 K 是复杂性,N 是不同的可能性状态数。"他还以算法复杂性为基础定义了亚临界状态复杂性、临界复杂性和根本复杂性。所谓亚临界复杂性是指系统表面复杂,但其实很简单,或许是算数性的。所谓临界复杂性是指在复杂性的特定阶段→在它的临界值上→开始出现某些结构。临界复杂性最简单的情况是对流和对流图案形式。

3. 模型描述

(1) 模型假定

为简化分析模型,假定高校学生管理决策任务,求解要素复杂决策任务的建模与求解方法如下。

1) 行动集,也称方案集,记作 $A=\{a_1,a_2,\cdots,a_m\}$,用来表示决策人可能采用的所有行动集合,在有观测值时,也称策略集或者策略空间,记作 Δ。

2) 自然状态集,也称为状态空间或参数空间,用来表示所有可能的自然状态,记作 $\theta=\{b_1,b_2\cdots,b_n\}$。

3) 结果集,$C=\{c_{ij}\}$,决策任务的各种可能结果 c_{ij} 的集合,c_{ij} 用来表示决策人采取行动 a_i 在自然状态 b_j 时的结果。即 $c_{ij}=c\{a_i,b_j\}$。

4) 熵信息集,也称样本空间或观测空间、测度空间。在决策时,为了获取与自然状态 θ 有关的信息以减少其不确定性,往往需要进行调查研究。

(2) 高校学生管理复杂性

随着高等教育改革的不断深入,高校学生管理工作取得了阶段性成果。但随着国内外形势的变化加剧,经济全球化迅速发展,使影响高校稳定的诸多不利因素有增无减,渠道也各式各样,使得高校学生管理复杂性大大增强。政治、经济领域的种种变化必然引起思想意识形态领域的相应变化,意识形态领域出现的新情况、新问题,高校学生工作面临的形势将更加复杂。当代大学生主流积极、健康、向上,但也存在着相当的混乱。一部分学生不爱学习,怕学习,一些人娇生惯养,没有刻苦钻研精神,缺少良好的学习习惯。大部分学生智力并不差,且有一定思维活动能力,有的人虽有这样或那样的问题,但不是不可改变,也就是说这些学生有较大的可塑性。

1.1.2.2 高等学校辅导员宏、微观角色定位

1952 年,中央提出要在高校设立政治辅导员,1953 年清华大学、北京大学向当时的教育部提出试点请求(尤其是清华蒋南翔校长)。此后,不少高校建立了辅导员制度,主要做思想政治工作,是学生的"政治领路人"。

1.高校辅导员工作队伍定位(宏观角色定位)

教育部指出"思想政治教育工作队伍是加强和改进大学生思想政治教育的组织保证。大学生思想政治教育工作队伍主体是学校党政干部和共青团干部,思想政治理论课和哲学社会科学课教师,辅导员和班主任"。"辅导员、班主任是大学生思想政治教育的骨干力量,辅导员按照党委的部署有针对性地开展思想政治教育活动,班主任负有在思想、学习和生活等方面指导学生的职责"。

教育部《关于加强高等学校辅导员班主任队伍建设的意见》指出:"辅导员班主任是高等学校教师队伍的重要组成部分,是高等学校从事德育工作,开展大学生思想政治教育的骨干力量,是大学生健康成长的指导者和引路人。""专职辅导员总体上按1∶200的比例配备。"

2.高校辅导员角色定位(微观角色定位)

(1)思想政治教育(教育)——根据中央16号文件归纳如下：

1)马克思列宁主义、毛泽东思想、邓小平理论、"三个代表"重要思想的教育；

2)公民素质教育(民主法制、人文素养)；

3)校规范教育(校规校纪等)；

4)德育教育(《公民道德建设实施纲要》,为人民服务、集体主义、民族精神),班级和园区自我管理、自我服务过程中的引导；

5)时事政策教育——时事政策报告会,形势与政策课；

6)理想信念教育——生涯规划、就业指导相结合。

(2)班级管理(管理)——除自我管理外需要辅导员把握的事务。

1)队伍管理(党、团、班——拟采取民主化管理,作好授权工作)主要由学生自我管理,避免沦为大班长,将工作重点放在培训和设计激励上；

2)信息管理——学生各类个人信息汇总,为学生建立个人信息档案库,包括学籍信息、成绩信息、道德信息、生理信息、心理信息、诚信信息、生涯规划信息管理；

3)日常规范管理——主要靠寝室规范和班级规章来协调；

4)事务管理——签字管理、学生权益保护、意外事故处理、贫困生、奖学金管理。

(3)辅导咨询(服务)——与导师、校医院、心理、职业指导中心合作,在教育行政部门和学校缺乏统一标准体系情况下,主动沟通,从一年级起就建立一定的职责体系,必要时交给他们处理。

1)学习辅导——理解能力、成功学、时间管理辅导等;

2)生活辅导——保健、贫困生生活、心理、班级社团指导等;

3)生涯辅导——个人生涯规划设计、就业指导等。

高等学校辅导员管理工作也是由5种规范的定义叙述的,即计划(Plan)、计策(Ploy)、模式(Pattern)、定位(Position)和观念(Perspective),它们构成了高等学校辅导员战略的"5P"管理图式。如图1-1-3所示。

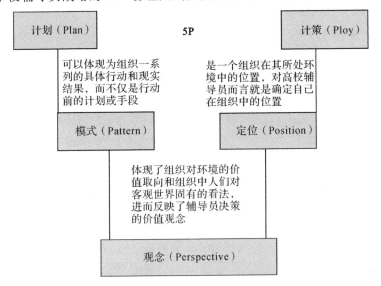

图1-1-3　高等学校辅导员管理工作5种规范的定义叙述

1.1.2.3　高等学校辅导员的主要素质

高等学校辅导员立足于个人的能力,包括事业的能力、人际关系能力、判断能力及管理经营能力;然后发挥管理机能,包括计划、组织、领导、激励、沟通协调、考核及再行动,以及能够有效利用资源,包括人力、财力、物力、信息情报力等,做好研发、教育、管理、服务等工作,最终达到高等学校与组织所设定的目标。

2004年,中共中央下发《中共中央国务院关于进一步加强和改进大学生思想政治教育的意见》(以下简称16号文件),提出要采取有力措施,着力建设一支高水平的辅导员、班主任队伍。

2005年,为了贯彻落实16号文件,教育部下发《教育部关于加强高等学校辅导员、班主任队伍建设的意见》,提出鼓励和支持辅导员长期从事该项工作,向职业化、专家化方向发展。

2006年,教育部又签发第24号教育部令《普通高等学校辅导员队伍建设规定》,明确了辅导员的工作职责、聘任、培养等各个方面的内容。其中第十六条规定:高等学校应当鼓励、支持辅导员结合大学生思想政治教育的工作实践和思想政治教育学科的发展开展研究。

随后教育部又制定《2006—2010年普通高等学校辅导员培训计划》,提出到2010年培养和造就1 000名在思想政治教育方面有一定国内影响的专家等目标。2013年制定了《普通高等学校辅导员培训规划(2013—2017年)》(教党〔2013〕9号),提出构建高校辅导员队伍能力标准体系,推动高校辅导员队伍专业化职业化建设。

2014年,教育部关于印发《高等学校辅导员职业能力标准(暂行)》(教思政〔2014〕2号)的通知,调整和完善高校辅导员培养培训方案、工作职能设置、考评考核指标等,努力将高校辅导员队伍建设提升到新水平。

高等学校辅导员的主要素质是指辅导员与管理工作相关的各种内在基本属性与质量。辅导员的素质主要表现为政治品德、专业知识、能力与身心条件。见表1-1-2。

表1-1-2 高等学校辅导员的主要素质

基本素质	含义	内容
政治品德素质	指辅导员的政治思想修养水平和文化基础	政治坚定性、敏感性;事业心、责任感;思想境界与品德情操
基本业务素质	指辅导员在所从事工作领域内的知识与能力	一般业务素质和专门业务素质
身心健康素质	指辅导员本人的身体状况与心理条件	健康的身体;坚强的意志;开朗、乐观的性格;广泛而健康的兴趣等

1.2 计划

计划职能包括对将来趋势的预测,根据预测的结果建立目标,然后要制订各种方案以及达到目标的具体步骤,以保证组织目标的实现。如短期发展计划、长期发展计划、以及各种计划都是计划的典型例子。

广义的计划职能是指管理者制定计划、执行计划和检查计划执行情况的全过程;狭义的计划职能是指管理者事先对未来应采取的行动所做的谋划和安排。

一方面,计划在时间顺序上是处于计划—组织—领导—控制四大管理职能的始发或第一职能位置上的;另一方面,计划对整个管理活动过程及其结果所施加的影响具有首要意义。

对于高等学校辅导员工作者来讲,计划职能的重要性主要体现在以下几方面。

1)计划是实施管理活动的依据。
2)计划可以增强管理的预见性,规避风险,减少损失。
3)计划有利于在明确的目标下统一员工思想行动。
4)计划有利于合理配置资源,提高效率,取得最佳经济效益。

1.2.1 计划编制过程

辅导员在计划编制过程时要更加切合实际,并且使计划的实施也更加切合实际。如长期计划、中期计划与短期计划相互衔接,短期计划内部各阶段相互衔接,这就保证了即使环境变化出现某些不平衡时,各期计划也能及时地进行调节,从而基本保持一致。如图 1-2-1 所示。

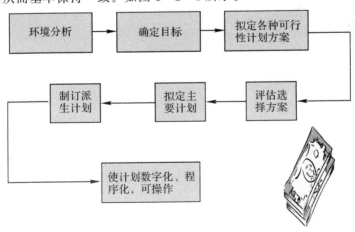

图 1-2-1 辅导员计划编制过程

1.2.1.1 辅导员目标管理

为大大加强计划的弹性,这在环境剧烈变化的时代尤为重要,它可以提高组织的应变能力。辅导员管理学生目标包括制定目标,实现目标和对成果进行检查与评价3个阶段,8个相互联结的步骤。如图1-2-2所示。

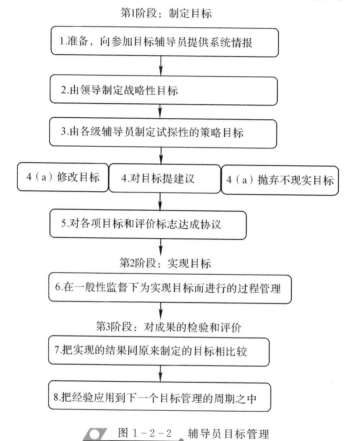

图1-2-2 辅导员目标管理

1.2.1.2 辅导员完整的年度计划

在岁末及新一年来临之际,辅导员工作通常都要制定未来2年的"中长期计划书"或未来1年的"年度计划书",作为未来工作方针、目标、执行及考核的全方位参考依据。所谓"运筹帷幄,决胜千里"即是此意。

1.辅导员年度工作计划书

(1)上一年度工作绩效回顾与总检讨

1)工作绩效总检讨(含方针、目标、执行及损益等实质与预期相比较,以及于上一年同期比较)

2)执行绩效总检讨。

3)组织与人力绩效总检讨。

(2)本年度工作大环境深度分析与趋势预测

1)环境分析及趋势预测。

2)竞争者环境分析及趋势预测。

3)外部综合环境因素分析及趋势预测。

4)学生群体环境因素分析及趋势预测。

(3)年度工作绩效目标制定

1)预估各月别及工作拖延说明。

2)其他工作绩效目标可能包括:个人工作、思想政治教育工作、学生人数、学生管理工作、辅导咨询工作、出勤占有率、知名度、满意度、工作目标等各项数据目标及非数据目标。

(4)本年度工作绩效目标制定

(5)本年工作竞争战略与成长战略制定

(6)本年工作具体管理计划制定

(7)提请相关领导与管理处支持协助事项

辅导员完整的年度计划书的编制,如图1-2-3所示。

高校辅导员要具有以下工作能力:

1)能与班主任、思想政治理论课教师和组织员等工作骨干做好沟通交流,充分发挥所有从事大学生思想政治教育人员的育人作用;

2)能深入了解国情、民情、社情;能根据教学的需要和学生的特点,采取灵活多样的教学方式开展形势与政策教育;

3)能就学生深层次的思想问题进行沟通、挖掘、分析与辅导;

4)能做好第一时间现场统筹指挥工作;能把握重点人员和关键节点,有效控制事态的发展。

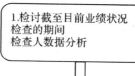

图1-2-3　辅导员完整的年度计划

流程图内容：

1. 检讨截至目前业绩状况
   检查的期间
   检查人数据分析

2. 检查业绩达成或未达成的原因
   内部环境原因分析
   学生、自身原因分析
   外部环境原因分析
   学生、自身原因分析

3. 选出未达成业绩目标最关键及最迫切应解决的问题
   从短、长期面看
   从各种人、财、资等面看
   从损益结构面看
   从内外部环境结构面看

4. 研究问题解决及业绩造成的各种适应对策及具体方案
   应站在挑战性高度来看待
   应思考赢得竞争战略及布局
   应思考行业及环境竞争是什么
   制定具体计划，并思考
   是否需要外部的协助

5. 要考虑及评估"执行力"或"组织能力"的最终关键点
   要建立强大执行力的班级、校园文化与组织团队能力
   要区分执行前、执行中及执行后管理

5）能协调事件涉及相关部门迅速反应，筛选有效信息；能通过沟通和分析把握事件脉络并提出初步处理方案。

6）能密切联系相关人员，跟踪事件的处理效果；通过网络、个别谈话等渠道掌握事件产生的影响；能进行事后集体和个体的心理疏导。

7）既然计划意味着"未雨绸缪""谋定而后动"，那么善于计划就会有效适应环境改变，促使成员关注整体目标并增进成功的机会等。

1.2.1.3　辅导员计划案 13 个要点

下面详细介绍辅导员计划案的 13 个要点。实践中,一份好的计划案必须包含诸多要点。有了以上缜密思考,确定计划案的可行性后,就要开始将思考的内容以书面报告的形式呈现,着手撰写计划报告并付诸行动。辅导员计划案 13 个要点,如图 1-2-4 所示。

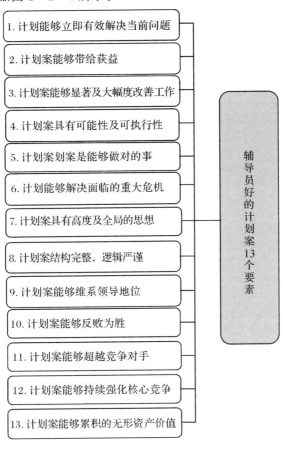

图 1-2-4　辅导员计划案 13 个要点

1.2.2　决策基本程序

西蒙认为"管理就是决策"。他强调决策行为贯穿于整个管理过程之中。

西蒙对于决策的程序、准则、类型及其决策技术等作了科学的分析,提出在决策中应用"令人满意"的准则代替"最佳化"准则。

(1)发现确定问题,要求对问题的表现及性质,对问题的原因了解。

(2)设计方案,任何方案都应当解决一定的问题,达到合理的目地。

(3)评价和选择方案,在不同方案中,选择一个最佳方案。

(4)实施和审查方案,以保证决策目标的实现。

辅导员强调要注意在决策中应用程序、原则等新的科学方法。辅导员决策的基本程序:①调查情况,提出问题,确定目标;②探索、拟定各种可行方案;③评价和优选工作方案;④实施方案和追踪检查。如图 1-2-5 所示。

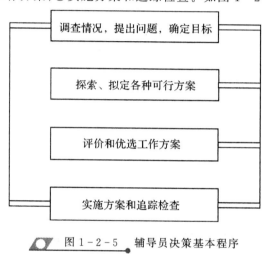

图 1-2-5 辅导员决策基本程序

1.2.2.1 辅导员决策过程

决策,指决定的策略或办法。语出《韩非子·孤愤》:"智者决策於愚人,贤士程行于不肖,则贤智之士羞而人主之论悖矣。"

决策是人们在政治、经济、技术和日常生活中普遍存在的一种行为;决策是管理中经常发生的一种活动;决策是决定的意思,它是为了实现特定的目标,根据客观的可能性,在占有一定信息和经验的基础上,借助一定的工具、技巧和方法,对影响目标实现的诸因素进行分析、计算和判断选优后,对未来行动做出决定。决策分析是一门与经济学、数学、心理学和组织行为学有密切相关的综合性学科。它的研究对象是决策,它的研究目的是帮助人们提高决策质量,减少决策的时间和成本。决策分析是一门创造性的管理技术。它包括发现问题、确定目标、确定评价标准、方案制定、方案选优和方案实施等过程。

——目标:目标必须清楚。

——方案:必须有两个及两个以上的备择方案。

——决策:以可行方案为依据。

——过程:在本质上决策是一个循环过程,贯穿整个管理活动的始终。

——主体:管理者。

——目的:解决问题或利用机会。

高等学校辅导员要想成功说服他人做出你期望的行为,首先要弄清楚的是人类是怎么做决策的。决策受各种复杂因素的影响,不同的人决策行为和习惯也存在很大的差异,但决策的整体过程来看,辅导员决策的过程基本上会遵循以下5个步骤循环。如图1-2-6所示。

决策的5个步骤循环:

1)诊断问题:需求确认;

2)明确目标:方案收集;

3)拟订方案:方案评估;

4)筛选方案和执行方案:克服决策压力;

5)评估效果:方案执行。

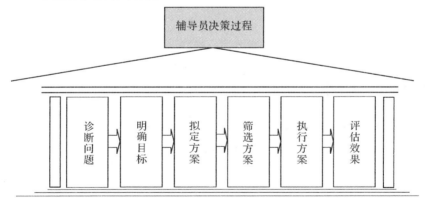

图1-2-6 辅导员决策过程

1.2.2.2 自组织临界性沙堆模型实验

1.建立模型

现实中,工作复杂行为的产生是一个漫长的演化过程。如一个开放的耗散系统很自然地通过自组织发展到一个临界的标度自由态,并伴随着不同标度且持续时间长短不一的雪崩时间的发生。不管大事还是小事件都遵循着同样的规律,这揭示了自然界中具有复杂性的一种普适模型。

对于高等教育学生管理系统的自组织临界性沙堆实验,先考虑一个沙堆,把沙缓缓地加到一个平整的台面上,而且每次只加一粒沙。沙粒可被加到台子的任意位置上,或只加在某一点上,如台面的中心。最初,沙粒或多或少地会停留在它们落下的位置上。当不断加进沙子的时候,沙堆会变得陡峭起来,并且小沙粒会滑落下来,或者说出现了雪崩。一粒沙的加入会导致一个局域的扰动,对沙堆整体来说,不会出现戏剧性的事情发生。这时,沙堆的某个部分所发生的时间不会影响位于沙堆较远部分的沙粒。

当沙堆变得更为陡峭的时候,一粒沙就很有可能使其他沙粒倒塌。显然,为了达到这种平均的平衡,力求加到沙堆中间上的沙和从边缘上落下去的沙之间的平衡。在稳定的自组织临界(SOC)态中,在一个复杂系统,并且沙堆自身具有自然而生的动力学机制。

沙粒是由外部加入的,因而沙堆是一个开放的动力学系统。位于沙堆中的一粒沙代表了时能,当沙粒倒塌时,其时能转化为动能。倒塌的沙粒逐渐静止下来时,动能耗散掉了,转化为沙堆的热能,因此,整个系统中存在量的流动。

如图1-2-7所示,我们不断地往一堆沙土上加沙粒,可以使沙粒的斜率增大。然而,当沙堆的斜率增大到一个临界值时,会发生沙粒的下滑。自动模拟就回答了高校学生管理有组织与自组织模型这一问题。

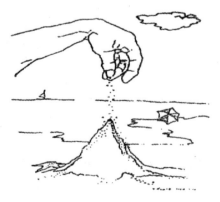

图1-2-7　沙堆模型(艾莱娜·威生费德女士画)

那么,影响高校学生管理的因素好比从一维沙堆模型做起,如图所示,往 N 个格位上堆沙子,每一格位上的沙粒对到某一整数高度。设第 n 格位与第 $n+1$ 格位的沙粒高度之差为整数 $Z_n(n=0,1,\cdots,N)$,这一整数正是沙堆的局部斜率。

一维沙堆上加沙与下滑过程的元细胞自动机模拟步骤如下。从任意随机的初始位形$\{Z_n\}$出发,执行下列两步:

(1)看是否有 $Z_n > Z_c$,若有,则让自动机自动地执行操作 $Z_{n+1} \to Z_{n+1} + 1$,直到所有格位均弛到 $Z_n \leqslant Z_c$ 为止。

(2)随机地在某处加一粒沙子,即随机选择格位 n,执行操作 $Z_n \to Z_n + 1$,$Z_{n-1} \to Z_{n-1} - 1$。

反复循环地执行这样两步,最后必然达到对于所有 n,均有 $Z_n = Z_c$ 的临界位形。这一位形具有最小的稳定性,因为在其上任意地再加一粒沙子,它都会一步一步滚下,直到从最右边缘漏掉为止。这种最小稳定临界位形是通过系统中自组织作用产生的,它对于扰动既是敏感的。说它敏感,是因为任何局域性的扰动都会传播到整个系统,加一粒沙子就可能引起一次雪崩。

因此,高等学校辅导员决策会引起高校学生管理从边缘流出的沙粒的数目是不固定的。但最后可以达到一种统计上的定态:加一粒沙子的后果,平均而言是从边缘流出一粒子。这一物理的"多米诺骨牌效应"就是一种高校学生管理自组织临界状态。

2.模型结论及建议

由推论可知,熵信息集,也称样本空间或观测空间、测度空间。在决策时,为了获取与自然状态 Θ 有关的信息以减少其不确定性,往往需要进行调查研究,调查所得的结果是随机变量,记 X。信息集 $X=\{x_1, x_2, \cdots, x_s\}$。如果把消除不确定性认为获取信息,信息和熵是互补的,信息就是负熵,即熵的获取,意味着信息的丢失;信息量越小,不确定性越大,熵越大;反之,信息量越大,不确定性就越小,熵也就越小。

1)对模型描述,也称为状态空间或参数空间,用来表示所有可能的自然状态,记作 $\Theta = \{b_1, b_2, \cdots, b_n\}$,高校学生管理复杂性、多样性、非线性,即状态空间或参数空间,为获取理想的熵信息集,就必须减少状态空间或参数空间阻尼系数。

2）由于高等教育学生管理主体之间、层次之间的相互作用关系式是非线性的,会导致高校学生管理系统的结构有可能是不稳定的,高校学生管理是相对而言稳定的平衡状态,要使在对动态的适应演化过程中始终保持系统的动态平衡,系统必须保持调整自身组织与自组织适应性,组织要自我修复。

3）一维沙堆上加沙与下滑过程的元细胞组织机模拟步骤,是从任意随机的初始位形$\{Z_n\}$出发,引起的从边缘流出的沙粒的数目是不固定的。但最后可以达到一种统计上的定态:加一粒沙子的后果,平均而言是从边缘流出一粒子。这一物理的"多米诺骨牌效应"就是一种自组织临界状态。

1.2.2.3　辅导员决策的广度、高度、深度分析法

人类的思维充满着各种各样的捷径,每一条捷径都是一把双刃剑。一方面,它降低了大脑的认知复杂性(笼统的看一个问题要比细致的分析简单得多),有助于迅速做出绝大部分时候都正确的判断;但另一方面,它也常常导致人们把大部分情况下成立的法则当成了放之四海而皆准的。人类的情绪也在很大程度上影响着人的思考。比如,如果你憎恶一个人,你往往就会反对他的所有立场。反之亦成立。

人类大脑经过长时间的进化,先天就具备一些特定的"思维定式",以使得人类能够在面对进化过程中经常出现的适应性问题时能够不假思索的做出迅速的反应。

下文列举高等学校辅导员决策广度、高度、深度分析法。

1）看得远(勿短视)。

2）站得高(要有高度)。

3）清晰化(看得深勿肤浅化,表面化)。

高等学校辅导员发现问题、分析问题、解决问题,必须站得高、看得远看得深才能领导学生人生道路走得长远。如图1-2-8所示。

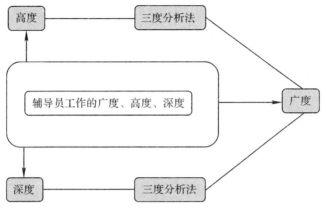

图 1-2-8　辅导员决策广度、高度、深度分析法

1.3　组 织

"人不是单纯的'经济人'和'生物人',而人更主要的是'社会人'"。学校中除了存在正式组织之外,还存在着非正式组织。在决定劳动生产率的诸因素中,置于首位的因素是人的满意度,其他的是第二位的。

组织职能一方面是指为了实施计划而建立起来的一种结构,该种结构在很大程度上决定着计划能否得以实现;另一方面是指为了实现计划目标进行的组织过程。比如,要根据某些原则进行分工与协作,要有适当的授权,要建立良好的沟通渠道等等。组织对完成计划任务具有保障作用。

本节主要有下述观点。

1)组织是一个协作系统。

2)组织存在需要明确的目标、协作意愿和意见交流3个基本要素。

3)组织效力与组织效率是组织发展的两项重要原则。

4)辅导员管理的权威来自上下级的认可。

1.3.1　组织协作系统

高等学校学生管理组织系统(Tissue System)指有若干高等学校学生的管理组织。具体地说就是为了有效地配置学生管理内部的有限资源,为了实现一定的共同目标而按照一定的规则和程序构成的一种责权结构安排和人事安排,其目的在于确保以最高的效率,实现组织目标。如果组织机构缺乏战略前瞻性,往往随着学生管理业务变化年年都要调整,有的甚至一年要调整多次,组织机构的调整势必造成部门和人员调整频繁,增加高等学校的管理成本,降低管理效率。人员子系统则把整个业务链上的利益相关者包括领导、员工、教师、学生、合作伙伴等,都视为高等学校组织不可忽视的重要角色,促进所有群体系统的协作。

高等学校学生管理工作是一个协作系统,组织是协作系统的一个组成部分,但两者的界限不太明显。协作系统(各种组织)由包括组织在内的各个子系统构成,其中组织起着核心作用。高校学生管理协作工作系统以组织为核心,由其将其他系统——人员系统和社会系统等联结成一个复合的整体如图1-3-1所示。

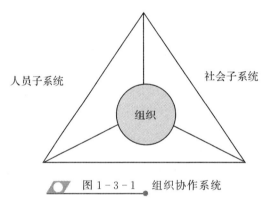

图1-3-1 组织协作系统

1.3.1.1 辅导员组织管理能力影响因素

巴纳德认为组织作为一个协作系统应包含3个基本要素:能够互相进行信息交流的人们;这些人们愿意做出贡献;实现一个共同目的。一个组织的要素是:信息交流;做贡献的意愿;共同的目的。基本要素还包括组织目标、机构设置、人员构成、权责体系、法规制度和物质因素。

高等学校学生管理协作系统中,个人若欲同他人建立组织协作关系,就必须处理好相关的因素。具体来说,这些因素包括以下五个方面,他们是协作系统得以建立的最基本条件。如图1-3-2所示。

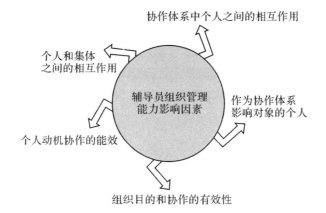

图1-3-2 辅导员组织管理能力影响因素

对于辅导员来说,组织能力是指为了有效地实现目标,灵活地运用各种方法,把各种力量合理地组织和有效地协调起来的能力。包括协调关系的能力和善于用人的能力等等。组织能力是一个人的知识、素质等基础条件的外在综合的表现。辅导员组织在人的行为协作系统的基础上,将组织分解为三个基本因素,即协作的意愿,共同目标,共同的信息沟通。如图1-3-3所示。

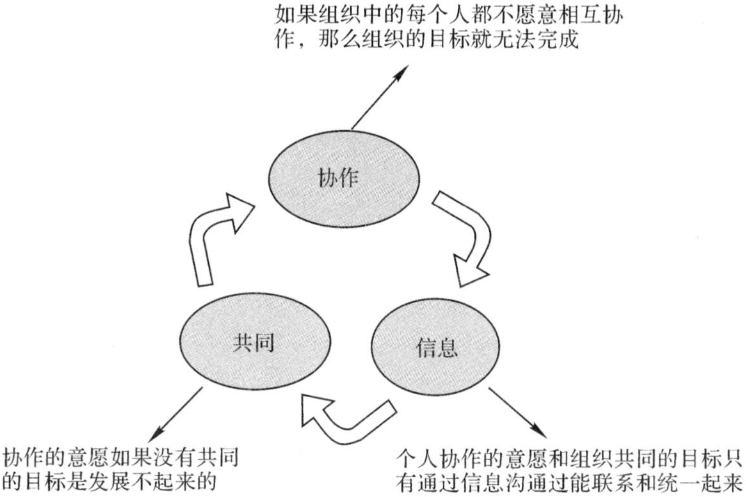

图1-3-3 辅导员组织管理协作模式

1.3.1.2 辅导员组织班级程序

班级管理是一个动态的过程,它是辅导员根据一定的目的要求,采用一定的手段措施,带领全班学生,对班级中的各种资源进行计划、组织、协调、控制,以实现教育目标的组织活动过程。班级管理是一种有目的、有计划、有步骤的社会活动,这一活动的根本目的是实现教育目标,使学生得到充分的、全面的发展。

辅导员组织班级的程序是以班级为基础,以学生为主体,发挥学生班集体在大学生思想政治教育中的组织力量。班级活动状况直接关系到学生的生活、学习和教学质量,任何一个好的学校都会把班级管理放在极其重要的地位。

高等学校班级管理的对象是班级中的各种管理资源,而主要对象是学生,班级管理主要是对学生的管理;高等学校班级管理的主要手段有计划、组织、协调、控制。如图1-3-4所示。

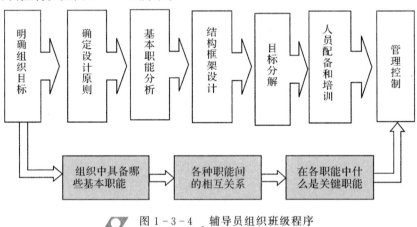

图1-3-4 辅导员组织班级程序

1.3.2 组织管理幅度

所谓组织管理幅度,是指在一个组织结构中,管理人员所能直接管理或控制的因素数目。这个数目是有限的,当超这个限度时,管理的效率就会随之下降。因此,主管人员要想有效地领导下属,就必须认真考虑究竟能直接管辖多少下属的问题,即管理幅度因素。

一般来说,管理因素越大,人与人之间的关系就越复杂。法国数学家格雷卡耐斯研究提出:管理因素与关系数成指数函数关系,即下属数量按等差级数增加,则关系数按几何级数增加。这就提示我们,一个管理者如果管理的下属太多,就会引起复杂的人际关系。因此,一方面要把因素控制在适度的范围,另一方面要加强部门和人员之间的沟通。

高等学校辅导员管理因素问题存在于各类、各级组织之中,它是研究和具体设计组织结构时要考虑的最基本的问题。如图1-3-5所示。我们知道,管理因素的确定受许多因素的影响,但这诸方面因素影响程度的不同,决定了管理因素的弹性是很大的,并没有一个固定的数值。因此,这就要求处于各级主管职位的主管人员应根据本单位的具体情况,随机制宜地考虑各种影响因素,运用各种方法,来确定自己理想的管理因素。

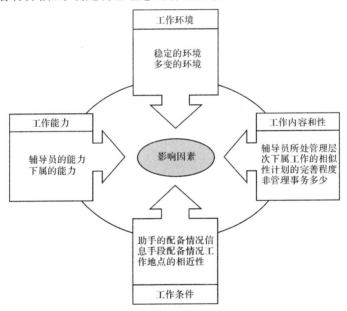

图1-3-5　辅导员管理幅度的影响因素

1.4　领　导

领导职能是指为了实现目标而运用沟通、惩奖、激励等方式对组织成员施加影响,通过职权影响力和非职权影响力支配组织成员。主要涉及的是组织活动中人的问题,要研究人的需要、动机和行为,要对人进行指导、训练和激励,以调动他们的工作积极性;要解决下级之间的各种矛盾;要保证各单位、各部门之间信息渠道畅通无阻等等。我们说领导是一种影响并感召人们和群体去追求某些目标的行为与过程,领导的实质体现在感召和追随上。不同岗位上的成员的人生观、价值观和需求不同,需要一个有权威的领导者指导人们的行为,协调各种关系,激励每个成员自觉地为实现组织目标而努力。

1.4.1 辅导领导异同

辅导员制度是指从事学生的思想政治教育、学生日常管理、就业指导、心理健康以及学生党团建设等方面工作的教师。每个辅导员一般管理一个或数个学生班。

教育部2015年11月,在官网公布了普通高等学校辅导员队伍建设规定的修订情况,并向各地教育行政部门及部属高校征求意见。与原规定相比,新规对高校辅导员队伍建设的要求和措施更加具体,对辅导员队伍的政治要求更严格。要求高校辅导员必须是中共党员,并且不得有损害党和国家利益以及不利于学生健康成长的言行的领导者。辅导与领导异同,如图1-4-1所示。

领导	辅导
剖析	执行
开发	维护
价值观、期望和鼓舞	控制和结果
长期视角	短期视角
询问"做什么"和"为什么"	询问"怎么做"和"何时做"
挑战现状	接受现状
做正确的事	正确地做事

图1-4-1 辅导与领导异同

1.4.1.1 辅导员的管理与领导异同

高等学校专职学生辅导员是学校学生思想政治工作队伍的重要组成部分,专职学生辅导员实行学生工作部(处)指导,各学院领导管理为主的体制,协助学院主管学生工作的党总支副书记做好本院的学生思想教育和日常管理工作,提出本院学生工作的计划、意见和建议;做好本年级各专业班的组织建设。

辅导员的管理和领导方法是不同的,管理与领导异同,领导未必优于管理,也未必可以取代管理;要获得成功,真正的挑战在于将强有力的领导能力和管理能力结合起来,并使两者相互制衡。只有将有效领导和高效管理结合起来,才能产生必要的改革,同时使混乱的局面得到控制。如图1-4-2所示。

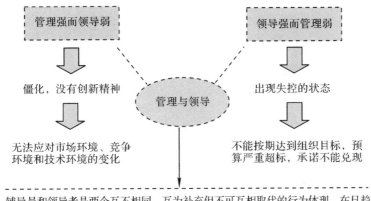

图1-4-2 辅导员管理与领导异同

辅导员和领导者是两个互不相同、互为补充但不可互相取代的行为体现,在日趋复杂和变幻无常的商业社会中,这两者缺一不可,都是取得成功的必备条件。

对于管理与领导两者之间存在的显著差异,从4个阶段进行详细的区分。除了4个阶段的区别之外,领导和管理还有一个很基本也是最重要的不同点,二者各自的主要功能不同。如图1-4-3所示。

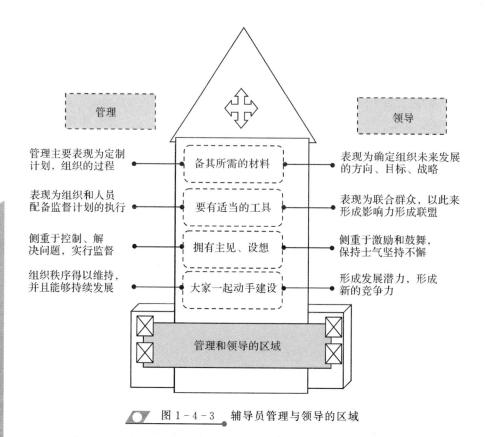

图1-4-3 辅导员管理与领导的区域

高等学校辅导员的宏观角色定位,即从党、国家和社会的高度,对辅导员角色应当如何定位。通过阅读与辅导员相关的文件,我们可以发现,辅导员作为一种职业,具有其特殊性。跟会计、人力资源管理者、公司行政人员、公务员、技工、操作师、建筑师等各种类型的职业相比较,从来没有哪个职业像辅导员那样,角色定位显得如此清晰。

一个职业形成的过程,从本质上说,是社会分工细化的过程。在一个组织内部,由于社会分工的细化可以提高工作的效率,一个新职位的产生就逐渐成了必要。并且随着这个职位带来的工作效率的提高,逐渐被全社会所认同,整个生产部门内就都产生了设立该职位的需要,最终在全社会范围内就形成了一种新的职业。这种职业的职能是在分工细化过程中最终确定的,因此具有职能明确的特点。如图1-4-4所示。

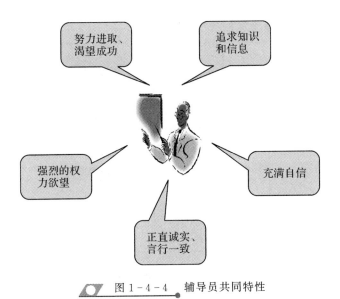

图 1-4-4 辅导员共同特性

1.4.2 管理方格理论

管理方格理论(Management Grid Theory)是由美国得克萨斯大学的行为科学家罗伯特·布莱克(Robert R·Blake)和简·莫顿(Jane S·Mouton)在1964年出版的《管理方格》一书中提出的。这种理论倡导用方格图表示和研究领导方式。管理方格图是一张纵轴和横轴各9等分的方格图,纵轴表示企业领导者对人的关心程度(包含了人员对自尊的维护、基于信任而非基于服从来授予职责、提供良好的工作条件和保持良好的人际关系等),横轴表示领导者对业绩的关心程度(包括政策决议的质量、程序与过程、研究工作的创造性、职能人员的服务质量、工作效率和产量),其中,第1格表示关心程度最小,第9格表示关心程度最大。它是研究辅导员的领导方式及其有效性的理论。辅导员管理者方格,如图1-4-5所示。

以高等学校辅导员工作职责是做好大学生的思想政治教育工作为例释义,管理方格理论(Management Grid Theory)内容包括以下几点:

1)对学生进行马克思主义指导思想理想信念教育。
2)对学生进行中国特色社会主义共同理想教育。
3)对学生进行以爱国主义为核心的民族精神和时代精神教育。
4)对学生进行以社会主义荣辱观为主要内容的公民道德教育。

5）对学生进行全面发展的素质教育等。

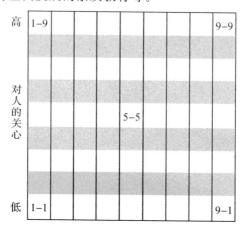

图1-4-5 管理者方格理论

1.4.2.1 辅导员团队组合工作法

高等学校辅导团队工作模式是指高校辅导员在学生工作中以团队的形式负责固定专业或者年级学生的辅导工作，团队成员对学生工作分工负责、相互配合的工作模式，相对于传统的单兵辅导模式而言，团队工作模式具有分担角色压力和避免角色冲突、维护绩效考核的公平公正、促进高校辅导员专业化、保证辅导工作持续性等独特功能，构建高校辅导员团队应该遵循团队成员专业多样化、注重团队和谐、组合自愿等基本原则。如图1-4-6所示。

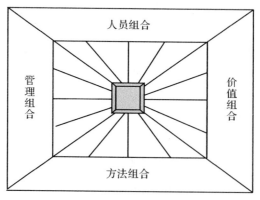

图1-4-6 辅导员团队组合工作法

1.5 控 制

控制职能是与计划职能紧密相关的,它包括制定各种控制标准;检查工作是否按计划进行,是否符合既定的标准;若工作发生偏差要及时发出信号,然后分析偏差产生的原因,纠正偏差或制定新的计划,以确保实现组织目标。用发射的导弹飞行过程来解释控制职能是一个比较好的例子。导弹在瞄准飞机发射之后,由于飞机在不断运动,导弹的飞行方向与这个目标将出现偏差,这时导弹中的制导系统就会根据飞机尾部喷气口所发出的热源来调整导弹的飞行方向,直到击中目标。

1.5.1 控制及其职能

控制是指管理者影响组织中其他成员以实现组织战略的过程。管理控制涉及一系列活动,包括:计划组织的行动;协调组织中各部分的活动;交流信息;评价信息;决定采取的行动;影响人们去改变其行为。辅导员管理控制的目的是使战略被执行,从而使组织的目标得以实现。因此管理控制强调的是战略执行管理控制是管理者执行战略、实现目标的工具之一。如图1-5-1所示。

辅导员管理的目的是有效地实现组织目标,为此就要进行计划、组织、领导、控制	
Step1 计划工作为整个组织确定目标,作出总体规划和部署	控制是计划、组织、领导有效进行的必要保证,离开了适当的控制,计划、组织、领导都有可能流于形式,组织目标就有可能无法实现。因此,控制是一项重要的管理职能
Step2 组织工作通过内部结构设计和组织关系的确定,明确组织内各部门的职责,以保证计划的落实和完成	
Step3 领导工作是管理者运用职权和威信施加影响,以充分发挥每个人的积极性,指导各类人员努力实现组织目标	
Step4 控制工作通过检查、监督、对所出现的偏差加以纠正,从而确保整个计划及组织目标的实现	

图1-5-1 辅导员控制及其职能

1.5.1.1 辅导员控制类型

根据确定控制标准 Z 值的方法,将控制过程分类:

(1)程序控制:控制标准 Z 是时间 t 的函数

$$Z = f(t)$$

(2)跟踪控制:控制标准 Z 是先行量 W 的函数

$$Z = f(w)$$

(3)自适应控制:没有明确的先行量,控制标准 Z 是过去时刻已达状态 Kt 的函数

$$Z = f(Kt)$$

(4)最佳控制:标准 Z 值由某一目标函数的最大值或最小值构成,这种函数通常含有输入量 X,传递因子 S 和 K 及各种附加参数 C,即

$$Z = \max f(X,S,K,C)$$
$$Z = \min f(X,S,K,C)$$

根据辅导员工作的控制特性,现将工作重点论述如下:

1.事前控制、事中控制和事后控制

1)事前控制。指组织在一项活动正式开始之前所进行的管理上的努力。它主要是对活动最终产出的确定和对资源投入的控制,其重点是防止组织所使用的资源在质和量上产生偏差。

2)事中控制。在某项活动过程中进行的控制,辅导员在现场对正在进行的活动始终给予指导和监督,以保证活动按规定的政策、程序和方法进行。

3)事后控制。它发生在行动或任务结束之后。这是历史最悠久的控制类型,传统的控制方法几乎都属于此类。

2.预防性控制和纠正性控制

1)预防性控制。它是为了避免产生错误和尽量减少纠偏活动,防止资金、时间和其他资源的浪费。

2)纠正性控制。它常常是由于辅导员没有预见到问题,当出现偏差时采取措施,使行为或活动返回到事先确定的或所希望的水平。

3.反馈控制与前馈控制

1)反馈控制。指从组织活动进行过程中的信息反馈中发现偏差,通过分析原因,采取相应的措施纠正偏差。

2)前馈控制。又称指导将来的控制,即通过对情况的观察、规律的掌握、信息的分析、趋势的预测,预计未来可能发生的问题,在其未发生前即采取措施加以防止。见表1-5-1。

表1-5-1 辅导员控制重点

辅导员控制重点	获益能力	长、短期目标的平衡	公共责任	学业态度
	学生发展	学生社会认可度	个体幸福指数	舆情环境

1.5.1.2 辅导员控制的对象

组织控制就是为实现组织的共同目标而进行的一切有关组织活动进行的调节和管理。例如某公司为了实现一定利润目标,规定其每一产品的成本不超过5美元,为了达到这一目标要求,就需要对组织即公司的一切活动进行控制。在生产过程中,如果发现成本快要高出5美元的限制标准,就要采取相应的措施(如改变原材料、减少人工投入、提高工作效率等)以保证不要突破这一生产成本线。

辅导员管理控制是指管理者影响组织中其他成员以实现组织战略的过程。管理控制涉及一系列活动,包括:人、财、物、时间、信息。管理控制的目的是使战略被执行,从而使组织的目标得以实现。因此,管理控制强调的是战略执行。如图1-5-2所示。

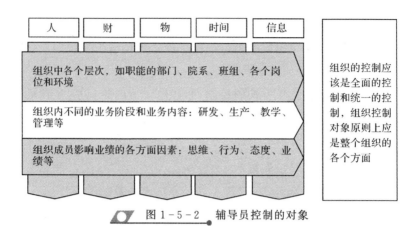

图 1-5-2 辅导员控制的对象

1.5.2 标杆控制步骤

标杆管理,又称基准管理、参照管理等,是指将自己的产品、服务和经营管理方式与行业内或其他行业的定量化评价和比较,分析这些基准的绩效达到优秀水平的原因,在此基础上选取改进的最优策略,并持续改进,甚至最终实现超越。

标杆管理为组织提供了关于其人员、设备、服务以及流程究竟能做到多好的客观、有效的衡量指标;让组织认识到必须全盘打破以往的思维和经营方式,重大的经营改善活动在组织中不仅完全可行,而且成为组织生存所必须开展的活动;为组织描绘了一幅竞争对手为什么表现如此卓越的清晰的图画。我们将此法借鉴应运到高校辅导员工作实务之中,见表1-5-2和图1-5-3所示。

标杆管理实施步骤:

1.标杆管理

英国一次调查表明,英国有60%~85%的企业参与了标杆管理活动;国内应用标杆管理包括国家电网、中石化集团、中海油、宝钢、光明乳业、美的电器等。

2.标杆管实施步骤

标杆管理工作的实施包括以下6个主要步骤。

1)明确目标。

2)确立指标维度,建立指标体系。

3)选择对标对象。

4)与对标对象进行比较分析,确立各维度指标的目标值。

5)学习好的做法,实施改进。

6）评价与提高。

主要工作如见表1-5-2。

表1-5-2 标杆管理指标体系

第一步:明确目标	
目的	统一思想 明确开展标杆管理工作的意义 成立标杆管理相关组织机构 制定工作计划
负责单位和部门	标杆管理牵头单位 标杆管理工作相关单位
工作方法及工具	组织宣传 相关部门动员 标杆管理培训
最终结果	各级辅导员理解标杆管理的重要性和基本知识 标杆管理工作直接参与人员理解标杆管理的操作思路,掌握标杆管理的相关工作 成立标杆管理领导小组、标杆管理办公室 标杆管理工作小组 现状分析报告 标杆管理工作计划

标杆管理指标体系反映关键控制环节,用于衡量对象的差距,明确需要改进的方向。

主要工作见表1-5-3。

表1-5-3

第二步:建立指标体系	
目的	建立指标体系
负责单位和部门	标杆管理办公室 标杆管理工作小组 指标归口管理单位

续表

第二步:建立指标体系	
工作方法及工具	调研 访谈 外部专家 相关管理工具
最终结果	标杆管理指标体系

指标对象是定点学习和超越的标杆,指标对象的选择既要切合实际,又要考虑指标对象资料数据获取的可能性和获取成本。

主要工作见表1-5-4。

表1-5-4

第三步:选择对标对象	
目的	确定对标对象
负责单位和部门	标杆管理办公室 指标归口管理部门 标杆管理工作小组
工作方法及工具	收集内、外部资料 分解法 访谈法 考察参观
最终结果	数据收集分析的统一表格和模版 建立对标指标数据库和最佳实践案例库 确定对标对象

所属单位应对选定的标杆对象进行科学、认真的分析,以掌握标杆对象的最佳实践。

主要工作见表1-5-5。

表 1-5-5

第四步:对标分析	
目的	确定标杆指标值 找到差距产生的原因
负责单位和部门	标杆管理办公室 指标归口管理部门 标杆管理工作小组
工作方法及工具	研讨会 关键流程分析
最终结果	确定标杆指标值 差异分析报告 完善对标指标数据库和最佳实践案例库

各指标归口管理部门和各所属单位通过对标分析,明晰与标杆对象间的差距后,组织相关辅导员拟定改进方案,制定实施计划,实施绩效改进。

主要工作见表 1-5-6。

表 1-5-6

第五步:学习与改进	
目的	学习先进的管理方法,改进绩效
负责单位和部门	标杆管理办公室 指标归口管理部门 标杆管理工作小组
工作方法及工具	研讨会 外部顾问参与
最终结果	标杆管理改进方案 标杆管理改进计划 标杆管理改进的成果报告 完善最佳实践案例库

标杆管理是一项基础管理工作,必须及时评价,持续改进。

主要工作见表 1-5-7。

表 1-5-7

第六步：评价与提高	
目的	评价工作成果 持续改进
负责单位 和部门	标杆管理办公室 指标归口管理部门 标杆管理工作小组
工作方法 及工具	指标评价 管理评价 标杆管理年度工作会 典型经验交流会
最终结果	评价报告 完善最佳实践案例库 完善和更新指标体系 根据发展情况寻找新的对标对象

3.标杆管理实施中的常见问题

(1)注意力集中于数据方面

标杆管理的真正价值应该是弄明白产生优秀绩效的过程，并实施，而不应该只注重某几个指标数据本身。

(2)不明白数据的真正来源

标杆管理者往往注重绩效数据，但对数据的来源不重视，这很容易产生比较错误，从而难以进行对口比较。

(3)来自辅导员的抵触情绪

有些辅导员往往不愿与新政策合作，害怕改变。因此，不能把最佳实践强加给辅导员，要让辅导员意识到或看到将来会发生什么，明白实施标杆管理的重要性。

(4)指望立"杆"见影

标杆管理的贯彻落实是一个需要长期努力的渐进过程，不能指望在短期内就达到明显的效果。而且即使世界一流管理之列，你也需要不断地进行标杆管理才能成为强中之强，超越自我，保持优势地位，辅导员标杆控制步骤，如图 1-5-2 所示。

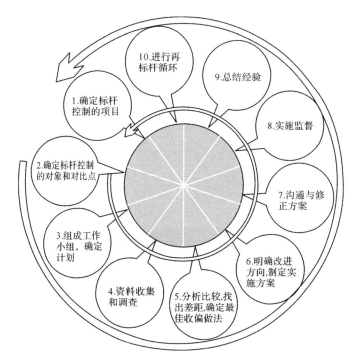

图1-5-2 辅导员标杆控制步骤

1.5.2.1 辅导员平衡积分卡控制图

把计分或者说绩效评测作为一种管理手段,这种思想由来已久,并且是几乎所有管理的一个重要特征。信奉绩效评测的管理者们相信,如果没有评测就无法管理。

辅导员平衡积分卡控制图作为一种战略绩效管理及评价工具,主要从四方面来衡量。

1)效益角度:效益的直接目的和结果是创造价值。尽管由于管理的不同,在长期或短期对于效益的要求会有所差异,但毫无疑问,从长远角度来看,效益始终是所追求的最终目标。

2)学生角度:如何向学生提供所需的产品和服务,从而满足学生需要,提高竞争力。学生角度正是从质量、性能、服务等方面。

3)内部流程角度:高校是否建立起合适的组织、流程、管理机制,在这些方面存在哪些优势和不足？内部角度从以上方面着手,制定考核指标。

4）学习与创新角度：高校的成长与辅导员工能力素质的提高息息相关辅导员唯有不断学习与创新,才能实现长远的发展。如图1-5-3所示。

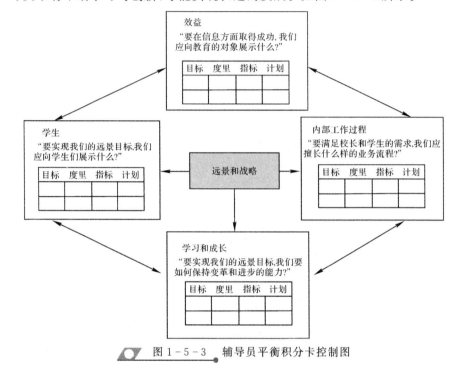

图 1-5-3 辅导员平衡积分卡控制图

辅导员平衡积分卡控制图体现了长期目标与短期目标之间的平衡,外部和内部的平衡,结果和过程平衡,管理业绩和业绩的平衡等多个方面。所以能反映组织综合状况,使业绩评价趋于平衡和完善,利于组织长期发展。

1.5.2.2 辅导员素质能力标准与实际绩效控制和评判

辅导员个人素质和能力的情况。主要包括：①辅导员的业务能力；②辅导员的学习情况；③辅导员参与调查研究的情况；④辅导员科研成果等。

辅导员在年龄、性别、性格、学识、阅历等方面均有不同,也有面对学生不同专业、不同年级、不同人数的工作量的不同。现在的量化管理考核工作在辅导员这些工作量的差别上,没有考虑到或者很难得到体现,势必会挫伤辅导员工作的积极性。另外,统一的量化标准评价在实际操作上是非常容易且可行的,但是忽视了辅导员的个性化工作,他们的创新工作得不到展现以及组织的认可,使得辅导员被动地接受工作,辅导员开拓创新的工作积极性得到了压抑。

比如,大一辅导员工作侧重于新生的入学教育、大学适应性引导与班集体建设,通过这些工作为大一学生奠定4年的牢固性基础;大二辅导员工作围绕着学风建设、班风建设狠下功夫,继续加强对学生的引导,避免大二学生在经历大一严格的管理后而放松对自我的要求;大三辅导员工作侧重对学生的生涯规划,考虑就业的方向以及对考研学生的动员与管理;大四辅导员工作侧重于研究生报考和复习指导以及毕业生就业指导工作等。图1-5-4所示。

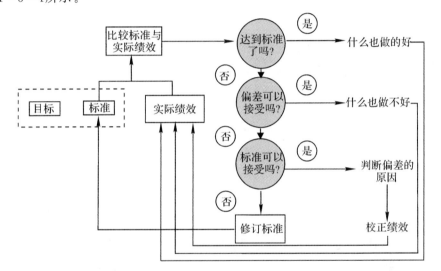

图1-5-4 辅导员素质能力标准与实际绩效控制和评判

1.5.2.3 辅导员估量考评方法

1.辅导员估量机会

估量机会是指对组织的内外部环境进行分析和预测,以确定组织将来可能出现的机会,并全面了解这些机会。根据组织的优势与劣势明白企业应该解决什么问题,其目的就是找出利于组织发展的机会。

2.常用绩效考评方法(非系统的绩效的考评方法)

常用的绩效考评方法有:排序法、交替排列法、配对比较法、评级标量法、关键事件法、360°绩效考核法,其中360°绩效考核法,因操作相对方便,同时评价的准确效率高,所以为广大企业所采用。

3.360°绩效考核法,也叫"全方位考核法"

从辅导员自己、上司、部门、同事以及学生等各个角度来评价个人的绩效,通过这种绩效评估,被评估者不仅从自己、上司、部门、同事以及学生处获得多种角度的反馈,也可以这些不同的反馈中清楚地知道自己的不足、长处与发展需求,使以后的职业发展更为顺畅,如图1-5-5所示。

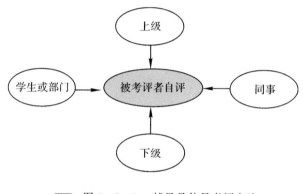

图1-5-5 辅导员估量考评方法

4.辅导员工作绩效估量考评的内容

辅导员绩效通过定量评价和定性评价相结合,宜采用业绩模糊评价方法,辅导员工作具有复杂性,其工作业绩评价涉及多种因素,其综合评价结论具有模糊性。例如,热爱、关心、帮助学生等方面的评价,往往不能用一个具体的数值点来表现,只能用相应的优劣等级来表示。所以常规的统计方法对此难以处理,而模糊综合评价方法却能够较好地处理多因素、模糊性及主观判断等问题。因此,定性评价是综合评价高校辅导员工作业绩的重要方法。但对于一些可以用数据来明确的工作可以采用定量评价。如学生申请入党情况、学生日常行为违纪情况、学生考研比率、学生考试平均学分绩、学生获得各类奖励的比率、学生科技创新活动情况等。

在具体的考评过程中,绩效考评的内容及侧重点随着考评目的的不同而有区别。概括起来有以下五方面:工作业绩、能力、工作态度、工作潜力和适应性,它们之间不是孤立存在。如图1-5-6所示。

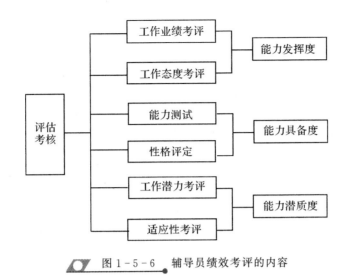

图 1-5-6　辅导员绩效考评的内容

5. 辅导员工作绩效估量考评的方法

辅导员培训是推动辅导员队伍专业化、职业化的重要手段,对高校辅导员工作考核评价是高校辅导员队伍建设的重要组成部分,具有重要而现实的意义。辅导员考评工作要根据辅导员工作琐碎、隐性、周期长等特点,避免存在的误区。辅导员工作考评的突破点就是要找准辅导员考评工作的难点,改进测评标准、明确测评主体、改进测评形式,正视测评结果。辅导员工作绩效考评的方法,见表 1-5-8。

对辅导员工作进行考核评价是辅导员队伍建设的重要组成部分。《普通高等学校辅导员队伍建设规定》中提出:各高等学校要制定辅导员工作考核的具体办法,健全辅导员队伍的考核体系。对辅导员工作的考核和评价,最关键的环节是有一套完整、科学且切合实际的评价机制。恰当的评价机制,可以全面地反映辅导员工作的能力与业绩,从而鼓励先进,鞭策后进,形成良好的工作氛围;相反,不恰当的评价机制,必然导致片面的、不客观的结论,挫伤辅导员的工作积极性。

构建科学的高校辅导员工作考核体系,必须对高校辅导员的工作性质、特点有深刻的了解。辅导员兼具教师的身份,但辅导员的工作性质和教师相比有较大差异。与高校普通教师相比,当前高校辅导员的工作普遍存在下述特点。

1)辅导员工作琐碎,无固定的工作量考核。它既没有任课教师的具体教学任务,也没有科研教师的具体科研开发项目。它主要围绕着学生思想政治教育展开,具有较大的灵活性,因此缺乏统一的衡量指标。

2)辅导员工作过程趋于隐性,岗位不被人了解。高校辅导员的工作往往由许许多多琐碎的工作组成,工作地点遍布学生的学习、生活场所,工作时间常常是课余休息时间,工作过程趋于隐性,因此常常不被人了解。甚至部分人认为高校辅导员工作就像"保姆"一样,干的都是些围绕学生的琐事。

3)辅导员工作的成效见效慢,反馈周期长。辅导员工作很重要的一方面是对学生进行人生观、世界观的教育,提升学生的思想政治素质和品德修养。辅导员的工作体现在日常教育和管理中,多是潜移默化的,辅导员工作对学生的很多影响可能在学生毕业后甚至毕业若干年才能得以体现。

表 1-5-8　辅导员工作绩效估量考评的方法

序号	方法	具体过程	优点	缺点
1	访谈	和一个或多个人进行交谈,以了解他们的信念、观点和观察到的东西	灵活;可以进行解释和澄清;能深入了解某些信息;私人性质的接触	引发的反应在很大程度上是回应行的;成本很高;面对面的交流障碍;需要花费很多人力;需要对辅导员进行培训
2	问卷调查	用一系列标准化的问题去了解人们的观点和观察到的东西	成本低;匿名情况下可提高信度;可在匿名情况下完成;填写问卷的人可以自己掌握速度;有多种答案选项	数据的准确性可能不高;如在工作中完成,过程难以控制;不同辅导员填写速度不同;无法保证问卷回收率
3	直接观察	对一项任务或多项任务的完成过程进行观察和记录	不会给辅导员带来威胁感;用于测量行为改变的极好途径	可能会打扰当事辅导员;可能会造成回应性反应;可能不可靠;需要受过训练的观察者

续表

序号	方法	具体过程	优点	缺点
4	测验和模拟	在结构化的情境下分析辅导员个人的知识水平或完成某项任务的熟练程度	成本低；容易计分；可迅速批改；容易施侧；可大面积采用	可能会带来威胁感；也许与工作绩效不相关；对常模的依赖可能会歪曲辅导员个人的绩效；可能有文化带来的偏差
5	档案记录分析	使用现有的信息，比如档案或报告	可靠；客观；与工作绩效关系密切	要花大量的时间；对现实进行模拟往往很困难；开发成本很高

第二章
情系学生:彰德启智

当今世界已进入了一个全新的时代。综合国力竞争激烈,多元化的交流和碰撞激荡全球,教育基础性、先导性、全局性的战略地位和全球化、社会化趋势日渐突出,一个更为复杂多变、更富有挑战性的世界浪潮正扑面而来。管理科学强调的追求普遍真理和宏大叙事,强调组织应该取得卓越、绩优、最佳,强调从结构中获取经验教训等的否定。本章将对管理科学研究微观领域涉及学生管理的具体方法影响,不但如此,强调的要以解构主义的态度去处理问题,去寻求当地化的、与时间地点环境等关联密切的独立的经验,细致考察这些经验的作用范式和作用过程,体味其中带来的灵感等,都将会在未来,成为管理科学研究的影响因素。

高等学校辅导员的首要任务是负责大学生日常管理、日常思想政治教育。在大学阶段,大学生要学会学习,完成繁重的学业;要学会做人,不断完善自己的人格,提高自己的修养;学会处事,为适应未来的社会打好坚实的基础。思想政治素质是大学生最首要的素质,是学生成长成才和全面发展的根本要求。在大学,日常思想政治教育工作主要由辅导员来组织实施和落实,主要内容是针对大学生的成长特点,对其进行科学的世界观、人生观和价值观教育,进行理想信念教育、爱国主义教育、公民道德教育和素质教育。辅导员与学生直接接触,承担着大学生在学习生活、社会活动、文化建设、实践活动中的教育、引导的任务,从这个意义上说,辅导员也是大学生的人生导师。

2.1 工作理念

教育是教化培育,以现有的经验、学识推敲于人,为其解释各种现象、问题或行为,其根本是以人的一种相对成熟或理性的思维来认知对待,让事物得以接近其最根本的存在,人在其中,慢慢地对一种事物由感官触摸而到以认知理解的状态,并形成一种相对完善或理性的自我意识思维。但同时,人有着自我意识上的思维,又有着其自我的感官维度,所以,任何教育性的意识思维都未必能够绝对正确,而应该感性式的理解其思维的方向,只要他不偏差事物的内在;教育又是一种思维的传授,而人因为其自身的意识形态,又有着另样的思维走势,所以,教育当以最客观、最公正的意识思维教化于人。如此,人的思维才不至于过于偏差,并因思维的丰富而逐渐成熟、理性,并由此,走向最理性的自我和拥有最正确的思维认知,或许,这就是教育的根本所在。

教育管理就是管理者通过组织协调教育队伍,充分发挥教育人力、财力、物力等信息的作用,利用教育内部各种有利条件,高效率地实现教育管理目标的活动过程。

2.1.1 以学生为中心

以学生为中心的教育思想和办学理念,是联合国教科文组织于1998年写进《世界高等教育大会宣言》(以下简称《宣言》)的。《宣言》指出:在当今日新月异的世界,高等教育最需要以学生为中心的新视角和新模式。从大学校长到中层管理队伍直至一般管理服务人员的工作,都应该积极为学生提供学习资源、环境,创造氛围,包括党团组织、导师制度、道德养成、生活与安全等,一切都要围绕学生而工作。

围绕"以学生为中心"(见图2-1-1),每一位与学生直接接触的教职员工都应把最新的知识、最前沿的信息、最真挚的情感、最好的服务引入到学生管理过程中。围绕"以学生为中心"的理念,完善管理与服务措施。树立尊重学生、服务学生的理念,要实现"以学生为中心"的理念,就要尊重学生,尊重他们的人格、尊重他们的个性、尊重他们的基本权利和责任。

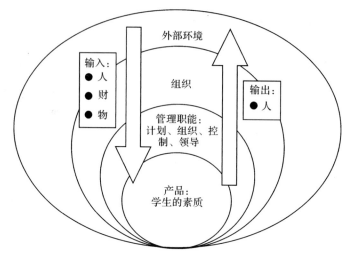

图 2-1-1 辅导员以学生为中心的工作理念

2.1.1.1 辅导员以人为本的思想政治教育模式

马克思主义以人为本的教育理念,以每个人的全面而自由的发展为基本原则,促进人的全面发展为本质和核心。我们所提倡的大学生思想政治教育,是运用马克思主义以人为本的科学的人的全面发展教育思想理念,对大学生施加有目的,有计划,有组织的教育和影响,提高人的素质,促进人的全面和谐发展,使大学生成为社会主义合格的建设者和接班人的教育实践活动。高等学校辅导员以人为本的思想政治教育模式是以学生为本、以学生为主体。包括高度尊重学生的主体地地位,尊重学生的权利和尊严,启发学生的自觉性,把学生全面发展、健康成长、早日成才作为思想政治教育的出发点和落脚点,重视学生的个性特点,促进学生的个性发展,最大限度地开发学生的发展潜能,调动一切积极因素,建立和谐校园,形成良好的育人环境,以和谐引领学校发展。不断更新思想政治教育工作的手段和方法,发挥社会实践教育的作用和现代教育技术的功能,不断增强思想政治教育工作的科技含量。同时,特别注意发挥大学生主体自我教育,自我管理、自我服务、自我监督的作用,使大学生思想政治教育功效最大化。如图 2-1-2 所示。

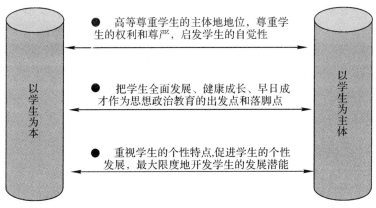

图 2-1-2 辅导员以人为本的思想政治教育模式

2.1.1.2 高校学生管理效率调整机制的动态模型

管理内部控制系统的本质是度量学生管理系统内部组织运行的无序度,在学生、专业人员、具体事务、动态因素等各个要素控制在某个理想的状态时,学生管理活动在有序开展,则学校教育学生管理有序。高校学生管理控制系统的有序度取决于系统内部各项要素的有序度,而要素的有序度取决于两个方面的内容:一是该要素不稳定性出现的概率;二是要素内各项指标的有序度,该要素取决于指标不稳定相对集中分布值的形式表现出来。

图 2-1-3 所示为三维坐标图的动态模型,是研究关于高校学生管理效率调整机制的动态模型。其目的是证明:建立改革和创新高校学生管理方式水平动态调整机制的客观性,即,中国高等教育适应社会主义市场经济发展的必然要求。

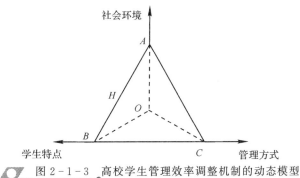

图 2-1-3 高校学生管理效率调整机制的动态模型

高等院校学生管理内部控制有序度的制约因素是能够加以控制和调整

的。影响学校管理的动态因素是学校能够加以调控和改善的。在学生管理控制系统充分确定发挥作用时,学生管理呈现有序状态,一切都按照预先的轨迹开展,管理中的人员因素、社会环境动态因素出现疏漏或失效时,某个局部,甚至全部活动游离于管理层控制之外时,学生管理系统内部产生混乱,使管理活动处于无序状态。可见,度量学生管理系统疏漏或是失效的大小,其实质就是度量学生管理系统无序度的大小。

2.1.2 场域情境要素

何谓"场域"?"从分析的角度来看,一个场域可以被定义为在各种位置之间存在的客观关系的一个网络,或一个构型。"进一步说,场域是一种具有相对独立性的社会空间,相对独立性既是不同场域相互区别的标志,也是不同场域得以存在的依据。

总体而言是指人的每一个行动均被行动所发生的场域所影响,而场域并非单指物理环境而言,也包括他人的行为以及与此相关联的许多因素。如图2-1-4所示。

从分析的角度来看,一个场域可以被定义为在各种位置之间存在的客观关系的一个网络,或一个构型。进一步说,场域是一种具有相对独立性的社会空间,相对独立性既是不同场域相互区别的标志,也是不同场域得以存在的依据。

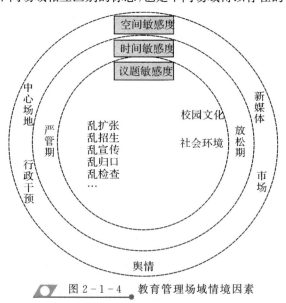

图2-1-4 教育管理场域情境因素

2.1.2.1 高校思想政治教育的基本要素

学术界关于思想政治教育的要素构成存在着不同的观点,对这一问题的研究概括起来,主要有传统的 3 要素说,即思想政治教育系统是由教育者、受教育者、教育要求 3 个要素组成的。后来于光远教授又提出思想政治教育的要素应该是教育者、教育对象和教育环境 3 个要素。三体一要素说是陈秉公教授在研究思想政治教育的综合结构时提出的,他认为思想政治教育是由教育者、受教育者、教育环境 3 个独立的实体和媒介要素组成的。张耀灿教授所主张的观点,认为思想政治教育系统的基本要素主要有 4 个,起初张教授把它概括为教育者、受教育者、教育环境和教育介体。后来张教授把这 4 个要素进一步概括为思想政治教育主体、思想政治教育客体、思想政治教育介体、思想政治教育环体。

关于思想政治教育要素争鸣的主要焦点,思想政治教育环境能否成为思想政治教育的要素?这在学术界一直存在着较大分歧,有必要从理论上弄清楚这个问题。有些学者认为,思想政治教育环境是思想政治教育的基本要素。但有一些学者认为环境不能成为思想政治教育的基本要素。"环境只是某一事物或某一活动存在的外部条件——当然是先决性的、基本性的前提条件。而要素是指该事物或该活动的内部构成因素,它是内在地存在着的。环境与要素之间的关系即是外因和内因的关系。任何事物或活动的存在都需具备一定的条件和环境,但我们不能把这些视为其构成要素。"相对于思想政治教育系统而言,环境是思想政治教育所面对的外部客观存在。于是,这种观点在学术界产生了一定的影响。殊不知,内因外因是缺一不可的包含在思想政治教育过程之中的。教育环境既作用于教育者(施教主体),又作用于教育对象(受教主体),共同制约着教育者和受教育者,反过来它又被教育者和受教育者所认识、利用和改造,成为人们(主体)共同面对的客体。环境虽然相对于主体的人(教育者、受教育者)而言是外因,但在思想政治教育过程中却是必不可少的。内外因统一于思想政治教育全过程的实践活动中。教育环境是思想政治教育过程不可缺少的一个基本要素。"如图 2-1-5 所示。

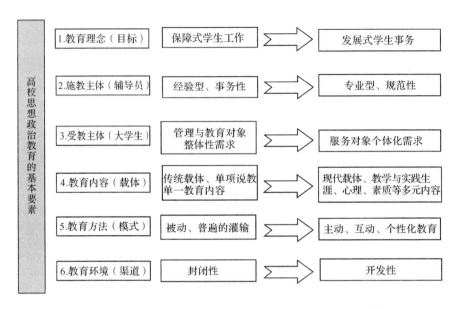

图2-1-5 高等学校思想政治教育工作的基本要素

2.1.2.2 年级管理框架

顶层设计、整体优化、团队协作与实践创新搭建起了战略的基本逻辑框架,就像组成了大象的骨架,使人们得以对"大象"有一个大概的认识,这正是绝大部分战略管理教材的内容来自这个理论的原因。

图2-1-6将帮助我们以另一种方式来对年级组管理的关系进行一次整合。

实践能力、创新精神和就业能力是年级组形成的逻辑起点,这种逻辑加上党建工作平台(党委组织的战斗堡垒作用),就形成了理性的战略方案(不管现实生活中的战略是如何形成的——是有意识的分析过程还是一种直觉,它都遵循这样的逻辑,可能出问题的是判断错误或在战略推演的过程中出现逻辑错误)。学风班风平台是理性的方案,会受到校园文化、组织内部的影响,形成最终的战略方案。战略方案形成后,年级方案对战略实施所做的努力无疑是合乎逻辑的。日常教育管理平台是在各职能(部门)有序运作的状态下,外部因素的影响,年级组的战略能够得以很好的实施。对此形成挑战的是战略实施的舆情环境可能会发生变化,知识、素质、能力的变化,这时应该调整的是实施方案而不是战略实施逻辑本身。

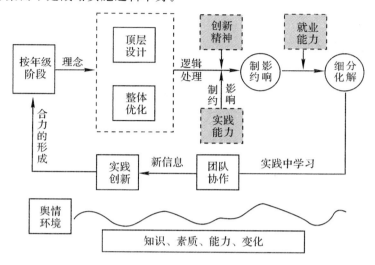

图2-1-6 按年级组管理理论综合框架图

2.2 角色定位

广义上思想政治的内容指的是政党为完成自身的使命而进行领导国家、社会和提高自身生机和活力的理论和实践活动。狭义上思想政治的内容指的是马克思主义政党在党的全部活动的理论体系,是中国共产党的思想建设、组织建设和作风建设。高等学校辅导员的思想政治工作还包括以下几点:

1)组织、协调班主任、思想政治理论课教师等共同做好经常性的思想政治教育工作;

2)参与思想道德修养、形势与政策教育教学;

3)为学生在理想、信念等方面遇到的深层次思想问题提供有针对性的教育咨询。

同时,加强和改进大学生思想政治教育的基本原则是:

1)坚持教书与育人相结合;坚持教育与自我教育相结合;坚持理论学习与业务锻炼相结;

2)教育与社会实践相结合;坚持解决思想问题与解决实际问题相结合;

3)坚持教育与管理相结合;坚持继承优良传统与改进创新相结合等。

2.2.1 角色目标定位

辅导员的宏观角色定位,即从党、国家和社会的高度,对辅导员角色应当如何定位。通过阅读跟辅导员相关的文件,我们可以发现,辅导员作为一种职业,具有其特殊性。跟会计、医生、律师、人力资源管理者、公司管理人员、公务员、技工、操作师、建筑工等各种类型的职业相比较,从来没有哪个职业像辅导员那样,角色定位显得如此清晰。如图2-2-1所示。

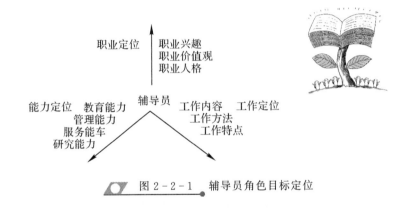

图2-2-1 辅导员角色目标定位

2.2.1.1 新时期大学生的政治态度

所谓大学生的政治态度,就我国当前而言,其实质就是大学生群体对我国当前的社会政治、经济制度及占主导地位的意识形态持赞成还是否定态度的问题。随着改革开放的不断深入和高等教育的不断发展,大学生作为社会中的特殊群体,代表着一个国家的改革和发展,领导着国家先进文化的潮流,其政治态度积极与否关乎社会主义政治文明建设的成败。因此,只有充分了解当代大学生政治态度的现状,才能根据反映的状况得到具有时效性的方法,使大学生确立正确的政治态度,为国家和社会的发展打下坚实的基础。如图2-2-2所示。

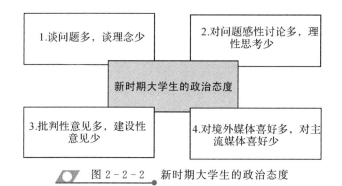

图 2-2-2 新时期大学生的政治态度

2.2.1.2 辅导员概念性专长和专业知识

高等学校辅导员个人定制决策所依据的概念性专长和专业知识总的来说,这些专长领域代表了决策者的内容知识这些资源对于做出合理的决策至关重要,但是没有通过目标设定、说服、合作技能叙述行动和成果之间联系的能力,所以,辅导员应具备概念性知识和专业知识,如图 2-2-3 所示。

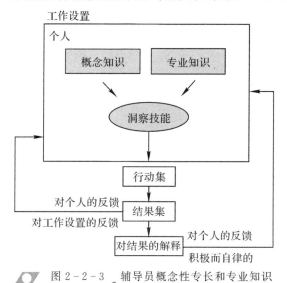

图 2-2-3 辅导员概念性专长和专业知识

2.2.2 职业兴趣模型

概括地说,高等学校中的所有工作都是以学生为本,围绕学生的利益和需求展开。辅导员工作是学生工作的重要组成部分,因而辅导员在工作过程中必须首先明确其工作性质中的服务性特点,即辅导员工作一定要以学生为本、真心诚意地为学生提供服务。辅导员主要职责是帮助高校学生树立正确的世界观、人生观、价值观,确立在中国共产党领导下走中国特色社会主义道路实现中华民族伟大复兴的共同理想和坚定信念。

因此,辅导员必须树立共产主义的远大理想,确立马克思主义的坚定信念,具有自尊、自爱、自律、自强的优良品格和心理品质,围绕中心,辅导员的职业兴趣模型,如图 2-2-4 所示。

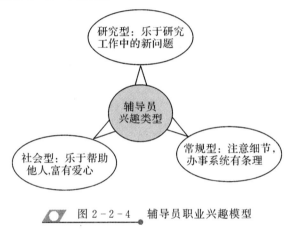

图 2-2-4 辅导员职业兴趣模型

2.2.2.1 辅导员职业兴趣模型建立

高校辅导员是履行高等学校学生工作职责的专业人员,要经过系统的培养与培训,具有良好的职业道德,掌握系统的专业知识和专业技能。本标准是国家对合格高校辅导员专业素质的基本要求,是高校辅导员开展学生工作的基本规范,是引领高校辅导员专业化职业化发展的基本准则,是高校辅导员培养、准入、培训、考核等工作的基本依据。如图 2-2-5 所示。

制定和实施本标准:(1)是为了进一步增强辅导员职业的社会认同,建立辅导员职业相对独立的知识和理论体系,确立辅导员职业概念,提升辅导员职业地位和职业公信力;(2)是为了进一步强化辅导员队伍建设的政策导向,为各级部门推进辅导员队伍建设提供基本依据,推动各级部门进一步制定完善辅导员队伍准入、考核、培养、发展、退出机制;(3)是为了进一步充实丰富辅导员工作的专业内涵,引导辅导员系统学习职业相关理论知识等,为辅导员主动提升专业素养和职业能力指出路径和方向;(4)是为了进一步规范辅导员的工作范畴,逐步增强辅导员的职业自信心和职业归属感。

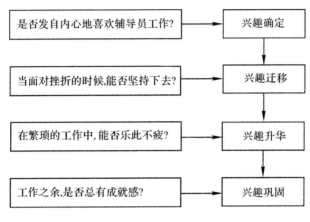

图 2-2-5　辅导员职业兴趣确立模型

辅导员职业是宏观角色,即从党、国家和社会的高度,通过辅导员相关的文件开展工作,辅导员是作为一种职业。

辅导员职业的微观角色,即高校对辅导员工作任务和内容的具体要求。高校辅导员的工作任务和内容是一个完整的有机的体系,它们相互衔接、相互补充、相互作用。下面主要从两个方面讲述辅导员职业相关内容。

1.大学生伤害事件发生处置流程

学生伤害事件其实是一个社会问题,《学生伤害事件处理办法》的出台,只是从法律层面上明确了学校、学生和家长各自的责任,并不能从根本上解决学生伤害事故所带来的问题,所以有关部门应该尽快制定一些配套措施,比如建立针对未成年人的社会保障体系,成立相关的慈善组织、基金会。每出现学生伤害事故,父母首先想到的是让学校来赔偿,其实最终目的还是解决孩子的医疗费用和未来的生活保障。如图 2-2-6 所示。

总之,在法律以外,社会应该给予在意外事故中受到伤害的学生和家长更多方面的援助。

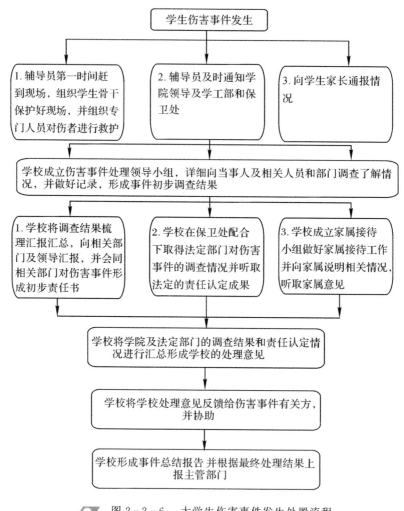

图 2-2-6 大学生伤害事件发生处置流程

2.高等学校辅导员和学生之间 4 种非正式沟通形式

所谓沟通,指一人将某种想法、计划、信息与意思传达给他人的一种过程,沟通程序应包括:沟通来源、编码、信息、渠道、解码及沟通接受者 6 个要素。所以沟通不是仅通过文字、口头信息传递。另外,辅导员和学生之间具有以下 4 种非正式沟通形式。如图 2-2-7 所示。

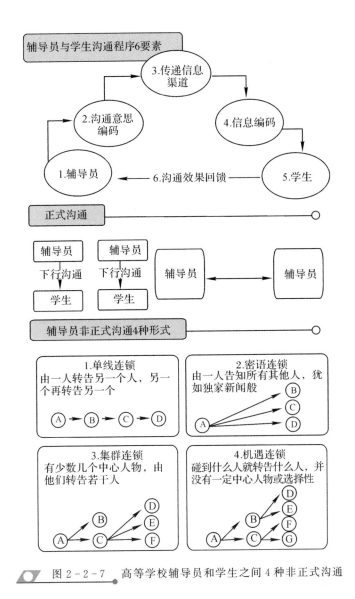

图 2-2-7 高等学校辅导员和学生之间 4 种非正式沟通

2.3 学业心理

加强和改进大学生心理健康教育、做好心理咨询工作,以宣传普及心理健康知识,帮助大学生认识健康心理对成长成才的重要意义;以介绍增进心理健康的方法和途径,帮助大学生培养良好的心理品质和自尊、自爱、自律、自强的优良品格,有效开发心理潜能,培养创新精神;以解析心理现象,帮助大学生了解常见心理问题产生的主要原因及其表现,以科学的态度对待心理问题;以传授心理调适方法,帮助大学生消除心理困惑,增强克服困难、承受挫折的能力,珍爱生命、关心集体、悦纳自己、善待他人。学业心理咨询也是一项重要工作。

2.3.1 学业主观因素

大学生的校园生活是人生中非常宝贵和有奇光异彩的一段时期,其中大部分时间是被紧张的课程学习所占据。学习成绩的好坏不仅直接影响大学生们能否顺利完成学业,而且对今后的求职和职业选择都有着重要的影响,对处于青年期的大学生来讲,其心理的发展比少年时期更具有智力因素和非智力因素,他们的内心世界很复杂,不轻易表露出来。青年的身心特点表明其心理的发展在很大程度上受社会文化、经济和政治环境的影响。见图 2-3-1。

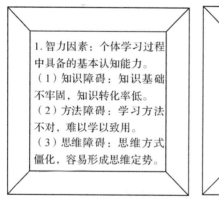

图 2-3-1　大学生学业主观影响因素

因此,如果一个孩子生活在批评之中,他就学会了谴责;如果一个孩子生活在敌意之中,他就学会了争斗,如果一个孩子生活在友爱之中,他就学会了这世界是生活的好地方。

2.3.1.1 大学生常见学习问题

学习是人类社会的一种永恒现象。人从出生到死亡,处处离不开学习;学习与生活、学习与社会、学习与人的一切行为活动都发生着极其密切的关系。"学会学习"不仅是方法论的命题,而且也是认识论的命题——是一种教育观念和学习观念。针对全球科技迅猛发展对人类的挑战,美国著名的未来学家阿尔温·托夫勒有一句影响深远的名言:"未来的文盲不再是目不识丁的人,而是那些没有学会怎样学习的人。"

大学生常见学习问题:学习适应、学习动机、学习焦虑、学习疲劳和考试焦虑。如图2-3-2所示。

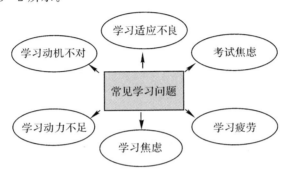

图2-3-2 大学生常见学习问题

2.3.2 辅导员学业指导五部曲

1)了解学生。建立学生学业指导中心机制,学生学业指导中心由学业指导专家、专职工作人员和学生学业辅导志愿者组成。

2)整合资源。帮助优秀学生量身定制个性化学习方案,制定中长期学习计划,提高学生创新能力,助力优秀学生使其更加杰出。

3)设定目标。为专业选择、转专业、跨学科交叉学习的学生进行专业方向指导,帮助学生做出合适的选择,指导学生选课和制定科学的修读计划。

4)行动计划。关心和帮助学习困难的学生,增加约谈频次,帮助学生寻找问题症结,落实学业帮扶措施,激发其学习兴趣,促其学有所成。

5)追踪评估建立长效跟踪、反馈、评价机制,不断改进工作质量,为提高人才培养水平不懈努力。见图2-3-3。

| 了解学生 | 整合资源 | 设定目标 | 行动计划 | 追踪评估 |

| 1.了解学生学习的困扰及隐含原因、意义；
2.理清其学习信念与困惑；
3.拓展其学习认知的多元化思考；
4.减轻焦虑的情绪，增强自我效能 | 1.分析学习优缺点；
2.正确评估自身的能力水平；
3.学会总结成功的学习经验；
4.了解外在环境的阻力与助力 | 1.设定目标应考虑的因素；
2.设定短、中、长程目标；
3.评估各项成本（体力、心力、脑力、时间管理）。何时采取行动？如何评估成果？ | 1.将大目标分成数个小目标；
2.制定具体的行动计划；
3.确定行动评估的标准 | 1.追踪
2.评估 |

图 2-3-3　辅导员学业指导五部曲

2.3.1.3　辅导员针对学习困难学生的辅导方法

1）每学期初由辅导员对上学期各班学生学习情况进行统计，确定一般帮扶学生和重点帮扶学生名单。

2）学校组织相关辅导员召开会议，并确定帮扶的学生名单，公布结对情况及相关负责人名单。（根据情况教师也可自行确定帮扶学生）

3）辅导员组织帮扶学生填写好学习情况登记表，了解他们的自身原因和努力方向。

4）帮扶教师与辅导员一起要针对性地对帮扶学生进行分析，制定帮扶计划，不仅包括课程中疑难问题的解答，还要从思想上进行学习目的、学习态度的教化和熏陶，帮助他们合理安排作息时间，建立良好学习生活习惯等。

5）提供帮扶的辅导员要具体落实到学习各个环节的指导和监督，如上课出勤情况、作业检查和辅导、每周学习状况分析并做好相关记录等。

6）提供帮扶的教师每周向辅导员提交《师生帮扶活动记录表》，汇报帮扶结对情况，学期末及时撰写工作总结及工作体会。

7）重点帮扶学生每个月必须向提供帮扶的辅导员上交思想汇报，报告本月的思想和学习状况。提供帮扶的教师与辅导员共同商讨解决该生问题的针对性办法。

8) 辅导员负责将重点帮扶学生相关信息通知任课教师并与任课教师沟通其学习情况。

9) 严格执行"家校"制度,即给学生家长联系,给学生做单独辅导一次,每大周给学生做一次谈心,在公共场合给学生一次表扬。

10) 学校成立专门的检查督导组,不定期组织帮扶工作会议,了解进展情况和发现有关问题。

11) 学生干部、校级及以上奖学金获得学生有责任提供帮扶。

12) 帮扶学生必须接受提供帮扶的辅导员的检查和监督。

13) 学校根据帮扶结对效果,每学期评选优秀帮扶的教师,给予一定的物质奖励,且在评优、评先等方面优先考虑。

所以帮扶达到透彻领悟,特别是达到概括性领悟或理解程度,会变成个人的个性结构的一个持久的部分。或者如果辅导员很理解有关的基本心理学原理。如图2-3-4所示。

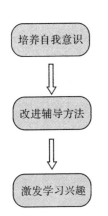

图2-3-4 辅导员针对学习困难学生的辅导方法

2.3.2 心理健康标准

一般来说,心理健康的人都能够善待自己,善待他人,适应环境,情绪正常,人格和谐。心理健康的人并非没有痛苦和烦恼,而是他们能适时地从痛苦和烦恼中解脱出来,积极地寻求改变不利现状的新途径。他们能够深切领悟人生冲突的严峻性和不可回避性,也能深刻体察人性的阴阳善恶。他们是那些能够自由、适度地表达、展现自己个性的人,并且和环境和谐地相处。他们善于不断地学习,利用各种资源,不断地充实自己。他们也会享受美好人生,同时也明白知足常乐的道理。他们不会去钻牛角尖,而是善于从不同角度看待问题。如图 2-3-5 所示。

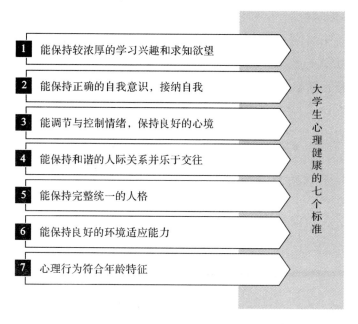

图 2-3-5　大学生心理健康标准

2.3.2.1　大学生心理健康影响因素

辅导员是做育人的思想工作,也是一项"利人利己"的工作。思想工作最难做,要改变一个人 20 几年形成的思想或行为习惯,并不是一朝一夕的事情,需要大量的时间和有效的工作方法,但个人觉得一个辅导员的心理素质最为关键。

(1)因为学生的个性各异,所以需要很强的包容心

世界上找不到两片相同的树叶,更何况是人的性格。因为人有差异才会让大家走在一起,互相欣赏,也正因为这些差异性才有和谐,同时,也因为这些差异性导致人与人之间产生摩擦和矛盾。作为一个辅导员,首

先要能够包容千差万异的每个学生,不管是"高富帅",还是"矮锉穷",不管是成绩好,还是成绩差,在情感上都要平等对待,才能做到对学生一视同仁。

(2)要有一颗奉献的心

不管做什么事情,都要抱着有付出才有收获的心态,当然不是物质上的收获,心灵上的收获才能获得更大的快乐。比如能够提升自己的能力,克服心理障碍等等。

(3)心理调节能力要强

毕竟辅导员在高校地位比较低,收入比别人少,事情做得比别人多,时间看是自由,实际不自由。心理上难免失落,需要靠自己来调节心理,找到平衡感。同时,碰到的事情各式各样,学生的烦恼都倾倒在你的身上,所以自己的心理垃圾越来越多,可能导致烦躁。如图 2-3-6 所示。

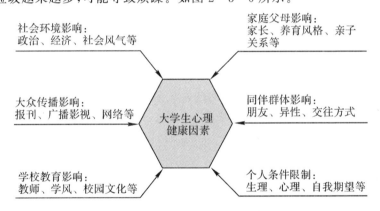

图 2-3-6　大学生心理健康影响因素

辅导员应当深刻了解正在成长的人的心灵。当我听到或者读到对人的个别对待的态度这些词的时候,它们在我的意识里总是跟另一个概念——思考——联系在一起的。教育——这首先是活生生的、寻根究底的、探索性的思考。没有思考就没有发现(哪怕是很小的、乍看起来微不足道的发现),而没有发现就谈不上教育工作的创造性。

2.3.2.2　大学生常见的 7 个心理问题

1)环境适应与发展问题。在大一新生中较为常见。

2)学习心理困扰。大学生常见的学习问题主要表现为:学习目的问题、学习动力问题、学习方法、学习态度,以及学习成绩差等等。大学期间,学习往往不再如高中阶段那样得到绝大多数人的重视,目的不明确、动力不足、态度不好构成了学习问题的主要方面。

3)人际关系障碍。如何与周围的同学友好相处,建立和谐的人际关系,是大学生面临的一个重要课题。同高中阶段相比,大学生对人际关系问题的关注程度超过了学习,也成为大学生心理困扰的主要来源之一。人际关系问题常常表现为难以和别人愉快相处,没有知心朋友,缺乏必要的交往技巧,过分委曲求全等,以及由此而引起的孤单、苦闷、缺少支持和关爱等痛苦感受。

4)情绪困扰。性格障碍是大学生中较为严重的心理障碍,其形成与成长经历有关,原因较为复杂,主要表现为自卑、怯懦、依赖、神经质、偏激、敌对、孤僻、抑郁等。

5)恋爱与性心理。大学生处于青年中后期,性发育成熟是重要特征,恋爱与性问题是不可避免的。一般包括:单相思、恋爱受挫、恋爱与学业关系问题、情感破裂的报复心理等,而性心理问题常见的有:手淫困扰,以及由婚前性行为、校园同居等问题引起的恐惧、焦虑、担忧等。

6)神经症问题。长期的睡眠困难、焦虑、抑郁、强迫、疑病、恐怖等都是神经症的临床表现症状。

7)网络心理障碍。无节制地花费大量时间和精力在互联网上持续进行聊天、玩网络游戏等活动,进而迷恋网络,离开网络就会产生各种病症,以致损害健康,造成人格障碍和神经系统失调。

大学生常见的7个心理问题是偏离正常状态的心理问题,需要进行专业的心理咨询或心理治疗。而对于大部分同学来说,常常遭遇到的是前6种心理困扰,这些困扰主要是由很多现实的社会心理因素所导致,也往往是暂时性的,经过自己的主动调节或寻求咨询老师的帮助,多能恢复心理的平衡和适应。另外,如图2-3-7所示是大学生常见的7个心理问题。

图 2-3-7 大学生常见的 7 个心理问题

大学生的一般心理问题有环境应激问题、自我认知失调、人际关系障碍、情绪感情不稳定等。

大学生心理健康的标准是正常的智力、健康的情绪、优良的意志品质、和谐的人际关系、健全的人格、适应社会生活、心理特点符合年龄特征。

2.3.2.3 大学生心理健康三级危机干预

随着心理健康教育的普及,人们对心理健康的认识已逐渐加深,但大学生们在对待他人的心理困惑的态度上比对待自己更为理性,一旦涉及自己则表现得优柔寡断,觉得难以启齿,常常不知所措。要改善这一心态,建议:

1)坦然面对。心理健康也跟身体健康一样,在人的一生中难免会出现这样那样的问题,出现心理困惑只是成长正常状态,没有问题哪有成长可言,因而不必大惊小怪、怨天尤人。

2)不要急于"诊断"。心理问题本身多种多样,成因往往也很复杂,切忌盲目从一些书籍上断章取义,或者道听途说,急于"对号入座",认定自己患了什么病。弄清问题当然是必要的,但大学生的问题还是发展性的居多,很多都是"成长中的烦恼",实在不必自己吓自己。

3)转移注意。心理问题往往有这么一个特点,就是越注意它,它似乎就越严重。所以,不要老盯着自己的所谓问题不放,不可过分关注自我,而应把注意力转移到学习、生活、工作的方方面面。有自己感兴趣的事情并全力投入是很有利于心理健康的。

4)调整生活规律。很多时候,只要将自己习惯了的生活规律稍加调整,就会给自己整个的精神面貌带来焕然一新的感受。所谓的心理问题也随之轻松化解了。

5)不要讳疾心理咨询。对于严重的、难以排解的心理问题,也可寻求专家咨询及心理卫生机构的帮助。

针对特殊人群,要建立三级危机干预系统。一级系统是以预防为主,由辅导员及班干部充当心理健康"健康员"和"信息员"角色;二级系统是以咨询为主,要针对那些长期陷入困境的个体进行干预,由心理咨询中心主动帮助他们解决心理冲突;三级系统应以治疗为主,对于曾经有过自杀经历或正面临重大挫折的学生采取紧急约谈的方式进行干预,将所有可能出现的问题消除在萌芽状态。如图2-3-8所示。

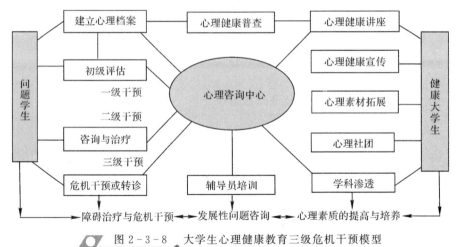

图2-3-8 大学生心理健康教育三级危机干预模型

2.3.2.4 大学生心理健康教育对象的动态化模式

大学生的角色地位及生活环境与高中时期有着很大的不同。首先,大学生要自己安排生活,靠自己的能力处理学习、生活、人际等方方面面的问题,但据调查,80%的学生以前在家没有洗过衣服,生活自理能力差,对父母有较强的依赖性。生活问题对这部分学生造成了一定的压力。其次,大学中评判学生优劣的标准已不再是单纯的学习成绩,而已包括了组织管理能力、人际交往能力及其他一些因素,这种标准的多样化使部分成绩优秀而其他方面平平的学生感到不适应,其自尊心受到强烈的震撼,心理上产生失落和自卑。

首先,提高独立生活能力,这是入学适应的第一步,也是适应社会生活的重要一步。其次需学会正确地评价自己,在不同环境下能够客观地评价自己及他人的长处和短处,并认识到优、缺点是每个人都有的,应当发扬优点,克服缺点,而不应因为缺点的存在就自卑或自暴自弃。

另外,如自我认识片面,情感脆弱、冲动、不稳定,意志薄弱,怯懦、虚荣、冷漠、固执,缺乏正确的人生观和积极的人生态度,耐挫力差,不懂得心理健康,缺乏心理调节的技巧。应丰富心理知识,增强心理健康意识,学习心理调节的基本技能并力求训练和提高自身心理素质。

健康的心理是以"生物—心理—社会"模型为指导的,并引入教育对象的动态化模式,这就要求我们必须辩证地看待学校、家庭、社会三者之间的联系和区别,辩证地认识教育的外部生态环境与教育对象的内在生态环境之间的关系。如图2-3-9所示。

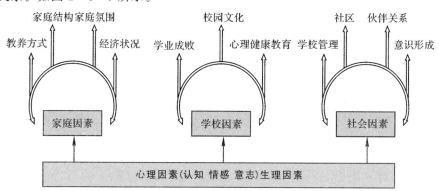

图2-3-9 心理健康教育对象的动态化模式

2.3.2.5 辅导员了解大学生心理问题的4种方法

大学生的心理问题复杂、多变,具有独特性,其引发原因多种多样,在具体处理过程中应全面细致地分析其诱因,以便对症下药,迅速有效地解决问题。

研究大学生心理问题的方法。如图 2-3-10 所示。

图 2-3-10 辅导员了解大学生心理问题的 4 种方法

因此,鞭挞或呵斥是应该谨慎地避免的。它只是弥缝了目前,使伤口结上一层皮膜,对于痛楚的核心仍然没有触到。只有出自内心的羞耻心和不愿见恶于人的畏惧心,才是一种真正的约束。

2.4 日常管理

高等学校辅导员工作职责包括,针对学生关心的热点、焦点问题,及时进行教育和引导,化解矛盾冲突,组织好高校学生勤工助学,积极帮助经济困难学生完成学业,为学生提供高效优质的学业指导和信息服务,以班级为基础,以学生为主体,做好学生骨干培养工作,激发学生的积极性、主动性。

日常事务管理工作中,坚持公开、公平、公正的原则,做好综合测评、评奖评优、助学贷款、勤工助学等学生日常管理工作。经常深入宿舍,指导学生营造良好的宿舍卫生环境和文化环境,充分发挥学生宿舍的育人功能。及时了解学生的思想、学习、生活情况,维护学生权益,为学生排忧解难等。

2.4.1 日常事务管理

辅导员工作涉及学生事务的各个方面。辅导员在实际工作中会面临各式各样的问题,要处理好这些问题,就需要辅导员具备扎实的业务功底,拥有丰富的知识储备,并且善于灵活运用知识。一个好的辅导员,除了政治素质过硬之外,业务素质也要精通。辅导员必须通过日常学习,充实和完善自身的知识结构,提升业务素养。

大学生日常事务是辅导员工作中最为常见也是最为主要的内容,与学生日常学习生活息息相关。学生日常事务管理的作用在于保障学生的日常学习、生活顺利有序地开展。在我国,学生日常事务涉及的内容纷繁复杂,主要可以概括如图2-4-1中6个方面。辅导员处理学生日常事务如图2-4-2所示。

图2-4-1 大学生日常事务管理的主要内容

学习管理(Knowledge Management)的内涵与机制:学习管理是指利用管理学的方法,通过计划、组织、领导、控制等手段,把学习程序化,流程化,规范化,创建更新最佳方案(Best Practices),从而达到高效学习的目的。如图2

-4-3所示。

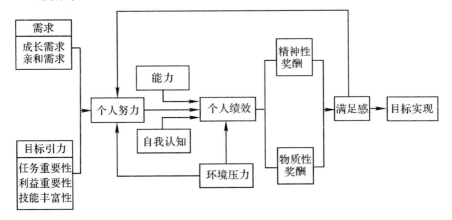

图 2-4-2 辅导员处理学生日常事务模式

假如自负,虚荣心或愤怒使学生失去了恐怖,或者使他不听恐怖心的劝告,这种心理便应该采取适当的方法消除掉,应该使他稍稍考虑一下,降低火气,三思而后行,看看眼前的事值不值得冒险。

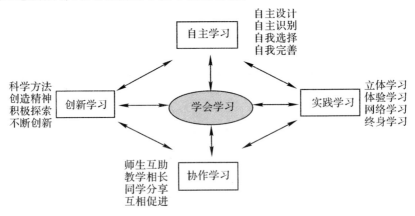

图 2-4-3 辅导员学业管理的内涵与机制

新时期大学生的思想特点和行为特征。

1.个体意识趋于强化,同时个人主义倾向严重

改革开放以来,社会认可个体意识多样性的存在,这为大学生个体意识的强化提供了社会基础。突出个体意识,反映了大学生不愿被淹没在群体中成为无个性的人的心态。他们在认知、意志、情感等方面更注重自己的意识独立

性,强调个性化,主要表现为不趋同,注重个性的独立。他们在思想、观念、生活方式以及自己的学习生活安排等方面,都表现出自身的个性。同时市场竞争环境下,部分大学生认识到个人奋斗的重要性,主体意识增强,崇尚自我,注重自我利益的保护,一味宣扬个人理想,追求一种自我完善、自我设计和自我奋斗的人生目标。个人利益至高无上,为了个人的前途和目标,宁可牺牲他人的利益。缺乏集体荣誉感和社会责任感,对集体利益表现冷漠,不关心,对于社会只讲索取,缺乏义务承担意识。

2.价值取向上主流健康向上,同时功利主义、拜金主义色彩严重

当代大学生对弘扬社会正气、加强社会主义精神文明建设等工作给予充分肯定,对党和政府倡导的集体主义价值观高度认同。随着我国社会主义市场经济的逐步完善,改革开放的不断深入,大学生的思想观念、价值取向虽然在许多方面发生了深刻的变化,呈现许多新特点,但他们的价值观念主流是健康向上的,对社会的主导价值观是充分认同的。受市场经济中趋利思想的影响,部分大学生越来越看重实效和利益,有些同学认为重精神轻物质的时代已经成为历史,表现出明显的拜金主义倾向和实惠功利观念,一些学生还过分追求个人利益,看重个人价值,强调个人目标的实现,而严重忽视了自己对社会、集体应尽的责任与义务,希望收益多、贡献少,回报多、奉献少,"利己"思想明显。

3.道德水平总体较高,同时存在道德知行背离,道德判断双重标准现象

当代大学生具备很强的社会公德、职业道德和家庭美德意识。调查显示,在青年学生最崇尚的品德中,"诚实""公正""友善"占据了前三位。可见当代大学生的道德思想主流积极健康,他们崇尚文明,强烈希望建立一个公平、公正的社会。当代大学生整体道德水准处于较高层面,但面对纷繁复杂的社会现实,不少大学生陷入了困惑和迷茫之中。如图2-4-4所示。

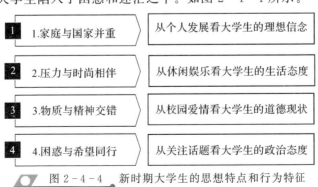

图2-4-4 新时期大学生的思想特点和行为特征

2.4.2 激励沟通倾向

激励是一种有效的领导方法,它能直接影响学生的价值取向和工作观念,激发学生学习积极性和创造财富事业的热情,激励的作用是巨大的。美国哈佛大学教授詹姆士曾在一篇研究报告中指出:实行计时工资的员工仅发挥其能力的20%~30%,而在受到充分激励时,可发挥至80%~90%。如下图2-4-5所示。

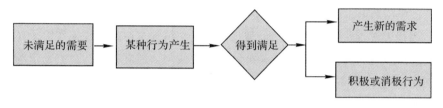

图2-4-5 激励沟通的行为倾向

激励理论是行为科学中用于处理需要、动机、目标和行为四者之间关系的核心理论。行为科学认为,人的动机来自需要,由需要确定人们的行为目标,激励则作用于人内心活动,激发、驱动和强化人的行为。见表2-4-1。

表2-4-1 激励行为科学

激励理论	着重点	代表理论
内容型	从学生需求入手,着重探讨什么东西能使一个人采取某种行为	需求层次理论 成就激励论 双因素理论
过程型	从一个学生被打动的过程,着重从行为产生、发展、改变和结束的过程	期望理论 公平理论
行为改造型	从行为控制着手,着重探讨如何引导和控制人的行为	归因理论 强化理论

沟通技巧是任何地方都是非常有用的,这能够很好地促进学生与别人之间的交往。在很多事情上面可以达到预想之外的效果。如图2-4-6所示。

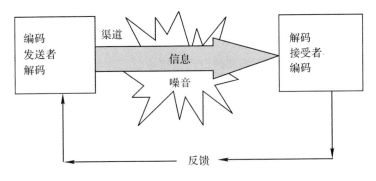

图 2-4-6　辅导员沟通的过程倾向

苏霍姆林斯基说过:"如果学生不愿意把自己的欢乐和痛苦告诉老师,不愿意与老师开诚相见,那么谈论任何教育总归都是可笑的,任何教育都是不可能有的。"由此可见,倾听是一种艺术,也是一种有效的教育方式。作为教师,该怎样引导师生之间的相互倾听,以帮助辅导员学会应对和解决问题。

一个宽宏大量的人,他的爱心往往多于怨恨,他乐观愉快、豁达、忍让而不悲伤、消沉、焦躁、恼怒;他对自己的伴侣和亲友的不足处,以爱心劝慰,述之以理动之以情,使听者动心,感佩、遵从,这样他们之间就不会存在感情上的隔阂、行动上的对立、心理上的怨恨。

2.4.2.1　X 个体与 Y 行为

成本函数被认为是研究企业经济行为的经济学理论当中经典概念。成本函数反映了成本和产出之间的关系,总成本是关于一系列产出的函数,当投入要素给定(a),生产一定水平的产出(y)所需的最小成本可以由该函数式得到。教育成本函数为

$$(a) C(y) = (y, a)$$

其中,$C(y)$ 代表生产产出向量 y 所需的总成本,a 是投入的价格向量。由于企业使用的投入要素(如高等教育教职工工资福利待遇)会影响总成本,由于成本和生产投入要素有关,因此,该函数还可以被写作

$$(b) C(y) = (x, a)$$

其中(b),C 是生产一定水平的产出 y 的总成本,$x(x^1、x^2、x^3……x_n)$ 是

投入要素数量的向量，a是各种投入要素向量。为了利润最大化，组织目标就是将成本最小化，或者在一定的成本下将产出最大化。在此种情况下，意味着一种产出水平的变化也会影响其他产出的成本。

有效的学校管理行为是效率与质量的统一。高等学校作为独立主体在生产教育服务产品时教育投入产出后的经济效益，即是指学校教育资源的投入与产出比较，也就是学校经营过程中生产和销售教育服务产品后获得的经济收益。辅导员的工作就是如何使 X 的个体通过某种行为产生 Y 的经济效应。

辅导员"如何使某人做某事"。

掌握了这些模型以后，试着把自己看作一个运用"思想"模型、"生物机器"模型理解情境和困难的领导者，领导自己的团队和学生取得更好的收益，同时自己也得到更熟练地掌握和有意识的运用各种模型。开始理解自己作为使用这选择模型并通过模型来理解他人行为的过程，也开始理解辅导员选择模型并通过模型理解行为的过程。如图2-4-7所示。

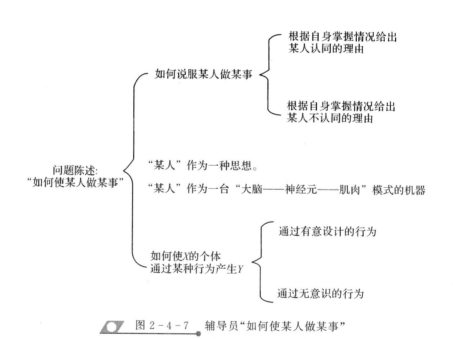

图2-4-7　辅导员"如何使某人做某事"

2.5 工作流程

辅导员承担着学生管理和日常思想政治教育工作,直接面向复杂的学生群体,工作内容繁重而琐碎。尤其是近几年的扩招,使学生的数量猛增且素质参差不齐给院校学生管理和思想政治教育工作带来了巨大的压力,规范辅导员工作流程则显得更为重要。高校辅导员要做思想工作和管理工作,要不断规范工作流程,使辅导员无序的工作有序化,有序的工作规范化,规范的工作科学化。院校广大学生工作者在实践调查研究的基础上,不断总结工作经验,明确工作步骤和顺序,依照事物内在的规律和先后顺序,对相关流程进行规范,以此减少工作的无序性、失误率,增强科学性。但是,规范不是教条,辅导员工作的程序在定型的同时,也应顺应时代的发展而变化和更新。下面重点论述几种工作流程。

2.5.1 迎新就业工作

1)学校召开迎新工作协调会,分配布置各项具体工作。

2)学生报到,设立接待点,办理各项报道手续,入住公寓。

3)在报到集中的当天召开家长会,介绍学校的基本情况和学生教育管理的要求,争取学生家长配合支持学校的学生教育管理工作。

4)报到截至后,辅导员和其他学生工作者逐一走访学生宿舍,了解学生的现状和要求,帮助解决困难。

5)军训开始后,辅导员协助教官做好保障工作。军训期间或只有利用空余时间安排入学教育,包括校情校史、校规校纪,专业等教育工作。

6)发放体检表,组织学生到体检站体检。

7)心理咨询中心发放测试问卷,进行调查统计。如图 2-5-1 所示。

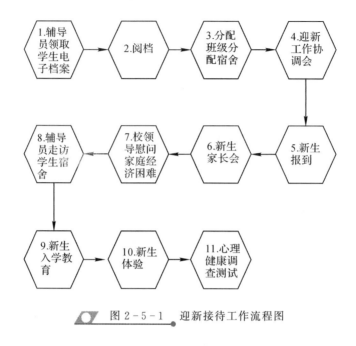

图 2-5-1 迎新接待工作流程图

2.5.1.1 新生报到流程

1）接站车从车站将新生接到校内设立的接待处。

2）到接待处领取新生报到通知单,填写个人信息。

3）到学生公寓登记,办理入住手续。

4）到财务部门办理交费事宜,暂时没有缴纳学费的学生通过"绿色通道",办理入学手续,入学后再交学费或办理助学贷款。通过"绿色通道"入学的学生需要填写申请并提供家庭经济困难证明,经学院审核后报学校资助管理中心审批。

5）自愿办理学生保险。

6）各部门签字后的同学将报到通知单交到所在学院,报到完毕。如图 2-5-2 所示。

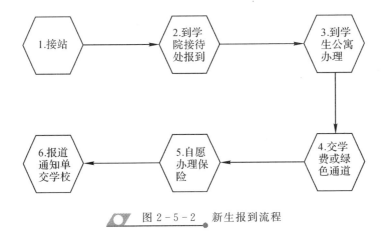

图2-5-2 新生报到流程

2.5.1.2 家庭贫困认定程序

1)个人提交申请,填写《高等学校学生及家庭情况调查表》和学院认定工作。

2)学生自主管理服务中心对学生进行监督和调查,实行动态管理。如图2-5-3所示。

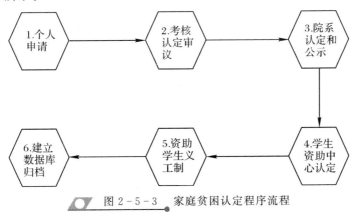

图2-5-3 家庭贫困认定程序流程

2.5.1.3 助学贷款工作

1)个人提交书面申请,并附带家庭经济困难证明。

2)辅导员审核学生材料,确认学生是否符合申请条件。

3)学校学生自主管理中心复核学生材料。

4）银行审核学生材料,批复名额和贷款额度。

5）学生与银行签订贷款合同。

6）银行向学校划拨贷款,学校扣除应交费后,余额返还学生。

7）签订合同后,银行与学校对学生进行诚信教育。

8）在毕业生离校前夕,组织贷款学生与银行签订补充协议。

9）协助银行催促欠款或违约的学生按时还款。如图2-5-4所示。

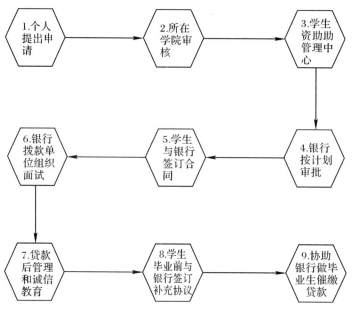

图2-5-4 助学贷款工作流程

2.5.1.4 奖学金评定程序

1）每年九月,学校布置奖学金评定工作,学生提交加分证明材料给班级测评小组。

2）班级评议小组讨论,按照评选办法加分,计算综合测评分数。

3）学院奖学金评审小组根据奖学金评选办法评选奖学金,确定名字。

4）各部门的奖学金名单交学生处审核。

5）审核无异议的奖学金评选结果报学校奖学金评审委员会审批。

6）检查学生银行卡号,奖学金发放到学生银行卡中。如图2-5-5所示。

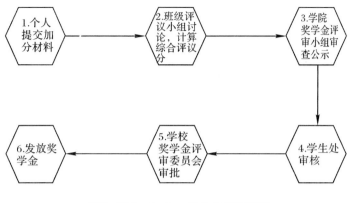

图 2-5-5 奖学金评定程序

2.5.1.5 毕业生后续工作

辅导员协助做好学生毕业设计工作,组织学生参加毕业设计答辩。毕业前夕,大力加强毕业生离校教育,保证离校前的稳定。离校期间,指导学生办理离校手续,发放毕业证、学位证、派遣证等。学生离校后,处理学生档案发放事宜。如图 2-5-6 所示。

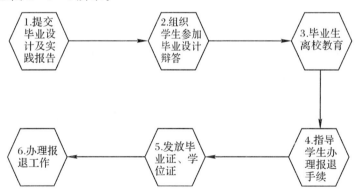

图 2-5-6 毕业生管理工作流程

另外,还有毕业生签约工作流程如下:
1)学生与用人单位洽谈就业意向,双向选择;
2)双方签订就业协议书;
3)辅导员将就业信息录入系统,收回就业协议书;

4) 学校就业工作部门审核信息,上报省就业办;

5) 省就业办确认协议生效;

6) 毕业离校前发放报到证,学生报到。如图2-5-7所示。

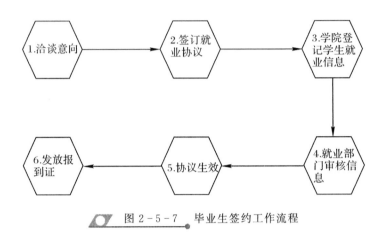

图2-5-7 毕业生签约工作流程

2.5.2 相关工作机制

为加强内部管理、细化层次管理,充分发挥基层组织沟通、协调的作用,依据年级工作重点和学生特点,在实施中,主要围绕年级组单位组建、年级组机构建立、年级组制度的制定、理念、载体机制方面开展活动,探索了大学生思想政治教育的有效方法。

"年级组"是一种组织机制、理论和方法创新,围绕高等学校自身实际和特点,实施顶层设计,层级督导,层层把关落实,师生协同参与制,这种管理方法操作方便,职责明确,制度建设规范,在管理效果上良好,使学生自身和管理者获益。如图2-5-8所示。

1) 大学四年,对于专业认知、学业规划、术业专攻、就业指导应当是分阶段、分层次进行。每一学期都有明确的目标指引,才能确保毕业时达到预期目标。

2) "四业"教育应以就业为导向和中心,思想政治教育应贯穿在四业教育始终,为社会培养合格人才是教育的最终目标。如图2-5-9所示。

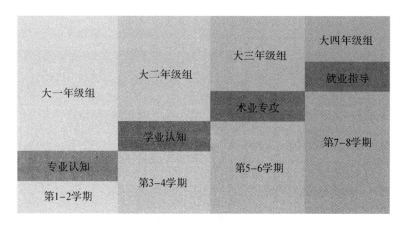

图2-5-8 按年级大学生思想政治教育长效方法(1)

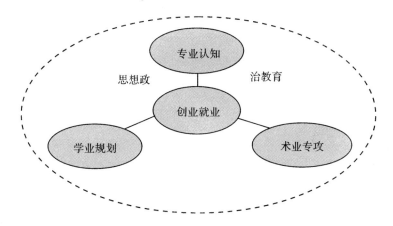

图2-5-9 按年级大学生思想政治教育长效方法(2)

依据横向建立学生管理工作年级组,系内尝试成立年级组,以党总支书记→年级组组长→各年级组辅导员设置,由综合素质较好的辅导员担任年级组长带领辅导员开展大学生日常思想政治工作的组织。

管理过程包括,第一步:4大理念系统→第二步:3大功能系统→第三步:3大平台标准运行系统→第四步:3大抓手程序系统→第五步:操作体系四方面检测系统。在各职能(部门)有序运作的状态下,年级组能够得以实施。

4大理念("顶层设计、整体优化、团队协作、实践创新");

3大功能(贯彻思想、组织统领、协调服务);

3大平台(①党建工作;②学风、班风;③日常思想教育等);

3大抓手(①以年级组为单位,拓展大学生素质;②以年级组为导向,建立长效机制;③以年级组为抓手,活动载体为机制);

四方面操作体系(目标体系、内容体系、支持体系和评价体系)内容。

什么是年级组？年级组有广义和狭义之分。从广义上来讲,年级组是大学里每个年级的学生和辅导员老师的组织;从狭义上讲,是由年级组长带领辅导员开展大学生日常思想政治工作的组织。不论从广义还是从狭义讲,年级组都可以视为学校的第三级行政管理单位。年级组就是年级组长在通过一定的方式,协调各种关系,发挥人员的积极性,有效地使物力、财力等管理资源,实现组织目标的过程。

这个管理是一个"过程",它隶属于学校管理的"大过程",而年级组的"组织目标"也就成为学校"组织目标"的重要组成部分。年级组具有贯彻思想、组织统领、协调服务三大功能。如图2-5-10所示。

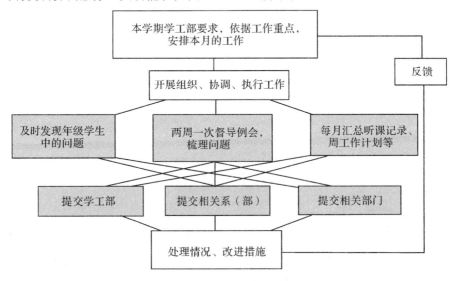

图2-5-10 按年级大学生思想政治教育工作方法

本项目的预期目标建立一个科学有效的年级组管理管理体系综合框架系统,并建立了年级组领导机制。如图2-5-11所示。制度和流程,构建符合各高校实际的年级组制度建设和方法操作体系,对照年级组项目研究目标,形成了年级组方法的操作程序,希望在实践之中检验预期目标,并将所建立的制度和方法运用到学生管理之中,以实现管理手段,提高管理效率。

在党委统一领导下,建立以系主任、党总支书记为直接领导、学生工作部协助,年级组协调辅导员具体落实,专业负责人(班主任)参与,党员、骨干人员为主体的自上而下的工作体系,依据本学期工作要求,依据工作重点,安排本学年的工作。

1.一年级——专业认知,确定目标

引导学生初步了解专业,客观评估自己,了解与自己所学专业对口的职业方向定位。合理规划大学学习生活。

2.二年级——学业规划,职业定位

重点加强完善自己的学业体系与知识结构,提高自己的学业能力;帮助学生树立正确的学习目标,锁定自己真正感兴趣的专业。

3.三年级——术业专攻,实践行动

重点放在强化专业知识学习、培养自己解决实际问题的能力,积极争取企业实践锻炼的机会,进一步用实践提升自己的专业修养。

4.四年级——就业指导,总结收获

帮助大四学生尽快落实自己的工作,培训大学生的创业意识、创业能力和创业精神,全方位提升就业素质能力。

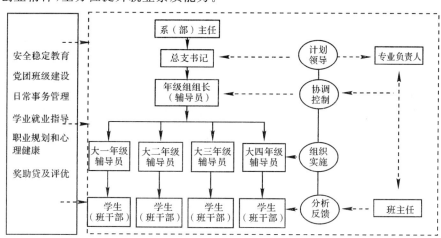

图2-5-11 建立年级组领导机构工作机制

第三章
技能培养：职教梦 领航梦

高等学校辅导员具备职业指导师资质，能为大学生开展团体职业咨询，能撰写职业指导典型案例，开展职业指导应用性研究，并将研究结果应用到实际工作中，能进行较为客观全面的创业环境、政策、行业前景分析，能建立健全大学生就业指导机构和就业信息服务系统，提供更高效优质的就业创业服务，职业规划与就业指导相关领域学术论文，能够熟练利用理论指导学生开展职业规划与就业指导工作，能讲授职业规划与就业指导公共选修课。职业教育应遵循：

(1)政府推动、市场引导

发挥好政府保基本、促公平作用，着力营造制度环境、制定发展规划、改善基本办学条件、加强规范管理和监督指导等。充分发挥市场机制作用，引导社会力量参与办学，扩大优质教育资源，激发学校发展活力，促进职业教育与社会需求紧密对接。

(2)加强统筹、分类指导

牢固确立职业教育在国家人才培养体系中的重要位置，统筹发展各级各类职业教育，坚持学校教育和职业培训并举。强化省级人民政府统筹和部门协调配合，加强行业部门对本部门、本行业职业教育的指导。推动公办与民办职业教育共同发展。

(3)服务需求、就业导向

服务经济社会发展和人的全面发展，推动专业设置与产业需求对接，课程内容与职业标准对接，教学过程与生产过程对接，毕业证书与职业资格证书对接，职业教育与终身学习对接。重点提高青年就业能力。

(4)产教融合、特色办学

同步规划职业教育与经济社会发展，协调推进人力资源开发与技术进步，推动教育教学改革与产业转型升级衔接配套。突出职业院校办学特色,强化校企协同育人。

(5)系统培养、多样成才

推进中等和高等职业教育紧密衔接,发挥中等职业教育在发展现代职业教育中的基础性作用,发挥高等职业教育在优化高等教育结构中的重要作用。加强职业教育与普通教育沟通,为学生多样化选择、多路径成才搭建"立交桥"。

3.1 职业教育

职业教育是为适应经济社会发展的需要和个人就业的要求,对受过一定教育的人进行职业素养特别是职业能力的培养和训练,为其提供从事某种职业必需的实践经验,并能迅速适应职业岗位需要的一种教育。

3.1.1 职业价值理念

职业价值理念是职业教育学原理与方法在职业教育学中渗透与应用的产物。职业价值是指人生目标和人生态度在职业选择方面的具体表现,也就是一个人对职业的认识和态度以及他对职业目标的追求和向往。理想、信念、世界观对于职业的影响,集中体现在职业价值观上。

一个正式组织是有意识协调两个以上的活动的一个体系,一个好的组织,能发挥好的效果。例如本科阶段,最常见也是最重要的组织是班级,学生的凝集力和归属感都来自于班级,上课、活动等都以班级为单位进行。要定期组织学生一起参加职业活动和职业项目,定期组织职业活动,在学生学习、职业理念和管理中起到越来越重要的作用。这时,以职业活动为组织的设计便应运而生。高校学生工作中,培养大学生的职业价值观尤为重要。如图3-1-1所示。

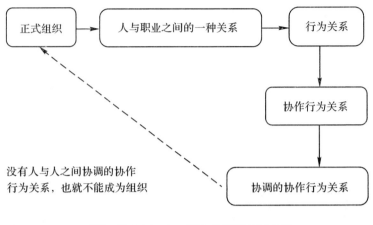

图 3-1-1 职业价值组织行为链

3.1.1.1 职业教育的目标——驱动链

1)要进一步扩大职业教育规模。就整个教育来说,除职业教育外,其他各类教育都要把握好发展节奏,把工作重点放到进一步提高质量上去。

2)要努力提高职业教育质量。加强职业学校学生实践能力和职业技能的培养,是提高技能型人才培养质量的关键环节。

还有两个问题。一是广大青年学生的职业理想和职业道德问题。职业学校学生的来源和就业去向,决定了必须加强职业道德教育需要进一步加强。二是学生的实践能力问题。

高等学校辅导员是指辅导员对职业教育教育内容的选择,对职业教育活动的调节、对职业教育影响的控制、对职业教育手段的改造等都体现出了教师在职业教育过程中的主导作用。第一步:预测职业绩效。第二步:将实际绩效与标准进行比较。第三步:采取管理行动。如图 3-1-2 所示。

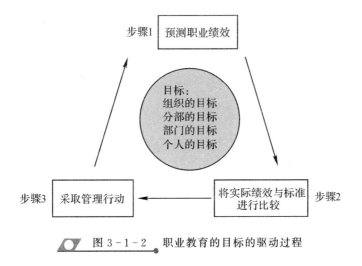

图 3-1-2 职业教育的目标的驱动过程

3.1.1.2 职业教育教学运行标准

教学运行标准系统主要是课程实施与专项建设执行与落实系统,是高校内部教学质量保障体系的过程性内容。主要包括教学工作的组织实施,如课堂教学、实践教学、教学改革、专业建设、教材建设、教学团队建设、教学研究、教学管理,以及师德建设、学风建设等。

在人才培养过程中,系部和教师是教学质量保障的重点和关键。一方面,系部承担着组织和执行教学活动全过程的职责,是教学活动的直接组织者,也是教学过程的直接监督者和教学效果的直接检测者。

1)要强化系部的质量意识,充分发挥系部在教学质量管理中的主动性和能动性。另一方面,教师在人才培养和教学工作中起着至关重要的主导作用,教师的教学能力、学术水平、教学方法和教学态度对教学质量影响重大。

2)鼓励教师全身心投入教学,充分调动教师从事教学研究及教学改革的积极性。同时,加强教学团队建设,完善师资结构,形成科学的、先进的育人合力,从整体上提高教学质量。如图 3-1-3 所示。

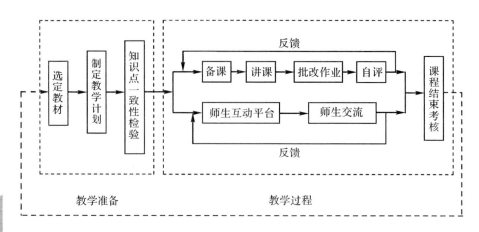

图 3-1-3 职业教育教学运行标准

3.1.1.3 职业教育教学监控评估

1. 信息督导监控体系的要素

作为一个体系,必然有组成系统的各个要素。在此,教学质量监控体系分成两个子系统:教学质量环节系统、教学质量责任系统。教学质量环节系统是以人才培养为主线的若干个教学环节构成的系统,教学质量责任系统是以参与教学活动的各个主体及其责任构成的系统。

2. 专项分析评估系统

教学评价是教学质量监控的重要组成部分,在教学过程中发挥着多方面作用,从整体上调节、控制着教学活动的正常进行。建立科学的教学评价机制,对教学过程的各个环节做出客观、正确的评价,充分发挥导向、监督、调节和诊断作用,对规范教学工作、保证教学的质量具有重要意义。学校建立了学院教学工作评估、课程评估、专业评估、本科课堂教学质量评价、毕业设计(论文)外审、教学资料检查、毕业生质量跟踪调查等多种评估与评价体系,把教学评估机制融入日常教学管理工作中。如图 3-1-4 所示。

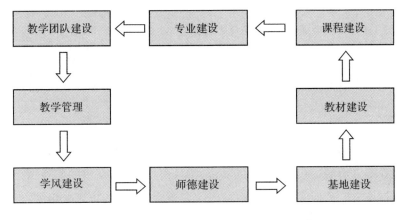

图 3-1-4　职业教育教学监控评估

引导和鼓励社会力量参与的政策更加健全。全社会人才观念显著改善，支持和参与职业教育的氛围更加浓厚。如图 3-1-5 所示。

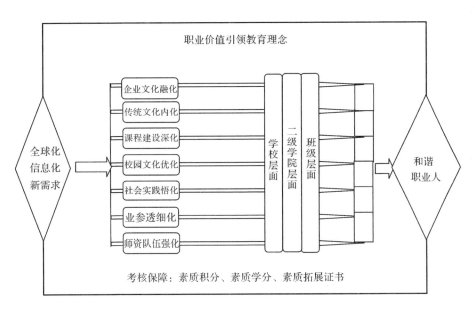

图 3-1-5　职业价值引领教育理念

3.1.1.4　职业素质教育课余实践理念

推进人才培养模式创新。坚持校企合作、工学结合,强化教学、学习、素质相融合的教育教学活动。推行项目教学、案例教学、工作过程导向、素质教育课余实践等教学模式。

建立健全课程衔接体系。适应经济发展、产业升级和技术进步需要,建立专业教学标准和职业标准联动开发机制。推进职业教育培养目标、专业设置、教学过程等方面的衔接,形成对接紧密、特色鲜明、动态调整的职业课余实践教育课程体系。全面实施素质教育,科学合理设置课程,将职业道德、人文素养教育贯穿培养全过程。如图3-1-6所示。

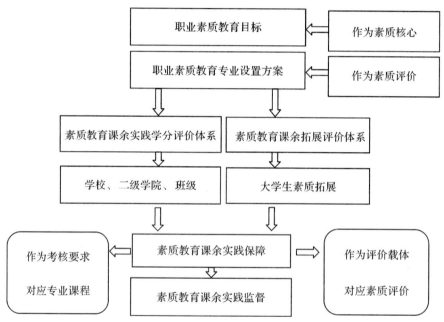

图3-1-6　职业素质教育课余实践理念

3.1.1.5　列宁的实践教育思想

列宁(1870.4.22—1924.1.21)原名弗拉基米尔·伊里奇·乌里扬诺夫。马克思和恩格斯事业和学说的继承者,全世界无产阶级和劳动人民的革命导师和伟大领袖。1870年4月22日生于俄国伏尔加河畔辛比尔斯克(今乌里扬诺夫斯克）。1887年进入喀山大学攻读法律。1917年11月领导俄国人民取得了十月社会主义革命的胜利，开辟了人类历史发展的新纪元。1924年1月21日病逝。

19世纪末20世纪初，列宁提出："把教育工作和儿童的社会生产劳动密切结合起来。"他认为"无论是脱离生产劳动的教育和教学，还是没有同时进行教育和教学的生产劳动，都不能达到现代技术水平和科学知识现状所需要的高度。"对综合实践教育思想的目的、任务、方法、途径等都做了明确的指示。如图3-1-7所示。

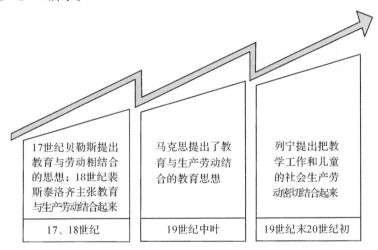

图3-1-7 列宁的实践教育思想

1.智能培养的自组织与原理目标

从力学结构方面来看，智能结构塑造就是把具有特殊力学性能和物理性能的形状记忆合金、压电陶瓷、压电晶体、磁致变体、电致变体及流变体等复合在构件中（或埋在复合材料中），组成构件的受感元件和作动元件，再配上微处理器，便成为智能的材料结构，来自动适应结构的一些特殊要求。研究生智能培养（塑造或自适应）是在导师督导下（力的作用下）所形成有组织与自组织适应及其建构过程。

2.自组织与支配原理

在无外界强迫时，自身形成的有序行为称为自组织，把在导师督导下（力的作用下）的有序行为称为有组织，导师如何把上述有组织的讨论推广到"自组织"情行,可以把外界强迫 F 作为系统状态变量的一部分来研究。

考虑只有一个子系统和一种外界强迫的情况,通常把有组织看作系统对外界强迫作用下的响应,可表示为

$$\frac{\mathrm{d}X}{\mathrm{d}t}=F(X(t),t)$$

若用 X_1 代替 F,而用 X_2 取代 X,则由两个子系统组成的控制方程表示为

$$\frac{\mathrm{d}X_1}{\mathrm{d}t}=-\gamma_1 X_1-aX_1X_2 \tag{1}$$

$$\frac{\mathrm{d}X_2}{\mathrm{d}t}=-\gamma_2 X_2+bX_1^2 \tag{2}$$

方程(1)和(2)中的非线性项对应于方程 $\mathrm{d}X/\mathrm{d}t=AX+(BF)X+C(F)$ 右边的第二项和第三项。假设在没有子系统 X_1 时,子系统 X_2 做衰减运动,就要求 $\gamma_2>0$。如果绝热近似方法在这里适用,则必须有 $\gamma_2\gg\gamma_1$。

设 γ_1 可正、可负,利用绝对近似,令 $\mathrm{d}X_2/\mathrm{d}t\approx0$,得到

$$X_2(t)=\gamma_2^{-1}bX_1^2(t) \tag{3}$$

把方程(3)带入(1),有

$$\frac{\mathrm{d}X_1}{\mathrm{d}t}=-\gamma_1 X_1-(\frac{ab}{\gamma_2})X_1^3 \tag{4}$$

绝对条件 $\gamma_2\gg\gamma_1$,意味着子系统 X_2 变化快(阻尼大、弛豫时间短、变化快),称 X_2 为快变量;子系统 X_1 变化慢,称为慢变量。

3.支配原理

方程(3)表明,快变量跟随着慢变量的变化,即慢变量支配快变量,把具有支配地位的慢变量称为序参量,方程(4)就是序参量方程。

哈肯把上述这样一个共同法则称为支配原理,支配原理为我们在处理复杂系统时不失本质地得到简化。

对于智能结构的发展,文化背景和角色认同都是重要的,在数学、文字或逻辑上很有天赋的研究生,可能表现出与其他人相同或相当接近的快变量水平,与此相反,其他智能则是逐渐展现出来的,在某一领域内有超常表现,并不意味着在其他领域内也会有超常慢变量表现,就好像在某一领域内取得了辉煌的成就,并不预示着在别的领域内也会有同样的成就的快变量水平。

我们认为任何职业教育都是实施职业实践策略,但实践有着诸多的含义,经典的观点是主观见之于客观,包含客观对于主观的必然及主观对于客观的

必然。在恩格斯的自然哲学中揭示人的思想产生于劳动即人的主观意识产生于人的实践行为,同时人的主观意识反作用于客观存在。马克思主要强调人的社会实践,强调实践的社会性。强调人的社会意识具有的生产力历史性、阶级性,他们都是物质的,辩证的。

人的主观与客观存在都是物质的,主、客观在认识论上的区别是相对于实践的内外关系的定义。实践论是基础于唯物论及辩证法两者总体的认识。毛泽东的《实践论》强调实践的主客观矛盾发展对于认识及再实践的认识发展过程。认识上升到理论的指导作用。在当代强调实践的真理标准,其包含真理的发现及检验、实现、见之于客观。

人本身是物质的,也是具有特定意识体存在的客观物质。意识本体对于生命本体的物质矛盾,此矛盾是人类内在的基本矛盾,它是物质的。人内在矛盾总体同时与外在世界构成人类的发展矛盾。其同时可分个人主体的外在社会及自然矛盾与社会主体的人类内在与外在矛盾。这些矛盾总体是人的实践!早期马克思主义者主要是社会总体矛盾的解放探索与对于自然的解放探索。当代马克思主义对现代科学及社会发展进行新的发现与探索在个人为核心的人类内在矛盾实践领域进行广泛的探索,汲取资产阶级学者的有益成果,进一步扩大研究范畴,将马克思主义的实践观点进行了全面丰富。

(1)实践教育要始终贯穿全面培养人才的过程。

(2)实践教育需要与理论教学互相呼应。

(3)强化实践教育需要提高认识。

(4)教师队伍建设是实施实践教育的关键。

我们认为,实践的基本形式可分为以下几种。

(1)改变自然,迫使自然满足人们物质生活需要的经济活动。包括生产、消费、流通、财政、金融、信托、保险、服务等活动,它决定着其他一切活动。

(2)以调整和改革人与人之间社会关系为目的的活动,包括政治、军事、教育、科学技术、文化、卫生、体育、司法、社会治安、社会管理、社会交往、劳动就业与社会保障、公共服务等活动。

(3)实践是人的主观的、感性的活动,是主观见之于客观的能动的活动,它是社会的活动,它是历史的活动。科学证明,人类历史同自然历史都是客观的过程。同样,构成人类历史的职业实践以及实践自身的历史发展也是一个客观的过程。如图3-1-8所示。

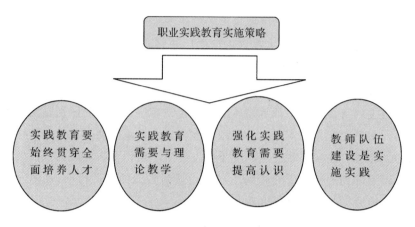

图 3-1-8 职业实践教育实施的四大策略

3.1.2 职业实践组织

学习型组织这一概念主要来自于管理学者彼得·圣吉,彼得·圣吉在其著作《学习型组织的艺术与实践》中提出了学习型组织所需的 5 项修炼。因此,职业实践组织如图 3-1-9 所示。

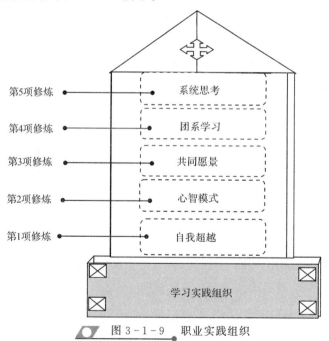

图 3-1-9 职业实践组织

为了推动学习型组织的发展,建立学习型组织的实际工作也必须先有明确、清晰的"构架"。如图3-1-10所示。

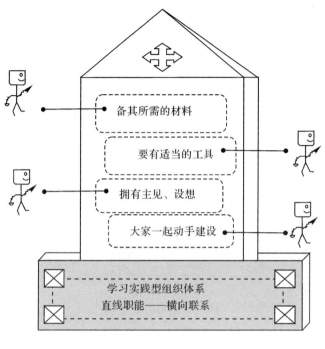

图3-1-10 学习实践型组织体系

3.1.2.1 大学生职业行为链

大学生职业规划是指学生在大学期间进行系统的职业规划的过程。它包括大学期间的学习规划、职业规划,职业生涯规划的好坏直接影响到大学期间的学习生活质量,更直接影响到求职就业甚至未来职业的成败。从狭义职业规划的角度来看,此阶段主要是职业的准备期,主要目的是在于为未来的就业和事业发展做好准备。客观而言,进行系统的学习实践至关重要,而能够担此教育重任的人应该具备丰富的职场经验并接受过系统的职业生涯辅导训练。

大学生职业探索是指学生和学校相结合,在对学生职业的主客观条件进行科学测评的基础上,采取科学的分析方法,确定其最佳的职业发展目标,并为实现这一目标采取切实有效的实践训练的一个过程,帮助学生通过职业规划真正了解自己,进行合理的职业定位,实现自己的职业理想与目标。如图3-1-11所示。

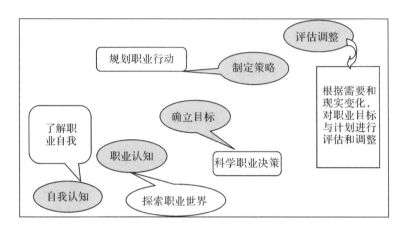

图 3-1-11 大学生职业行为链

3.1.2.2 大学生职业辅导与咨询流程

职业辅导在整个职业发展计划制定之前。此时,职业辅导的主要工作是帮助员工了解发展方向。在制定职业发展方案时,职业辅导主要是参与安排工作不同的职业发展方向,同时制定下年度的计划,把个别员工的职业发展方案记录下来。包括:①跟进;②辅导;③评估;④协助;⑤协调;⑥修正。

在职辅导在职辅导,其主要目的是把一群人纳入一个有效的团队共同来完成任务,同时也要辅助成员达到他们的目标。最有价值的地方,在于帮助学生了解他与职业的关系,而刺激他去寻求职业的发展。如何使他适合自己的能力,做有意义的职业活动。咨询工作不一定是最后的辅导工作,但它确是每件工作的开始,而且是最重要的过程。如图3-1-12所示。

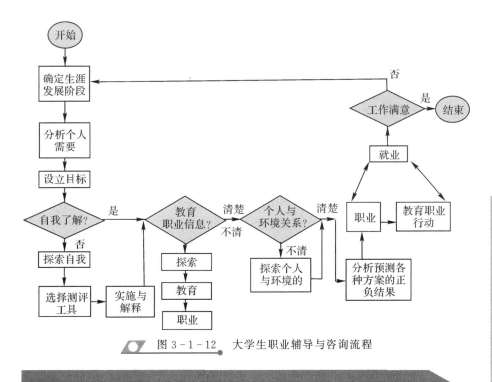

图3-1-12　大学生职业辅导与咨询流程

3.2　过程模式

  人才过程模式既不能限定在教学过程中,又不能泛化到高校的整个管理层面;它是一种结构与过程的统一,是静态的样式与动态机制的统一体。这是因为,人才过程模式不仅仅关涉"教学"过程,更关涉"教育"过程,它涉及了教育的全过程,远远超出教学的范畴。

  人才过程模式是教育各要素如课程、教学、评价等的结合,但这个结合又不是一个呆板的组织样式,而是一个动态的、强调运行过程的结构。是在一定的教育思想指导下,为实现理想的培养目标而形成的标准样式及运行方式。它是理论与实践的接壤处。人才过程模式要反映一定的教育思想、教育理念,是理想人才的培养之道,是理论的具体化;同时又具有可操作性,是人才培养的标准样式,但它又不是具体的技术技巧或实践经验的简单总结。

  教育的伟大目标不只是装饰而是训练心灵,使具备有用的能力,而非填塞前人经验的累积。

3.2.1 职业赋分平台

职业模式是指在职业发展过程中最害怕就是不能够坚持,半途而废,见异思迁,或者受别人影响进入非自己所适合与擅长的领域,导致很多人的职业发展不断从零开始,丧失了职业竞争优势,人到中年仍然没有形成职场竞争能力。因此,人要相信自己的直觉,要坚持自己的发展路径,这是成功的必然之道。

3.2.1.1 怎么构建个性化的职业发展模式

其实,专注是一种强大的力量,一个平凡的人,如果在某个领域数十年如一日的积累与磨炼,就有可能在该领域做到世界最强,成为一个非凡的人,这其实跟像滚雪球的原理是一样的。当然,在这个发展过程中,你会发现具备同样条件的人越来越稀缺,甚至有种"高处不胜寒"的感觉,这正是竞争优势逐渐形成的体现。正如插在山峰上的旗帜,它是最孤独的,也许是独一无二的,但是,如果它不孤独就不可能成为旗帜。

3.2.1.2 职业模式横线变化——多方提升综合素质

当我们在专业纵线上发展的过程中,还要注意在横线上的发展,也就是我们常说的深度与广博结合的"T"字形发展方式。如果我们长时间在单一的环境下从事一成不变的工作,得到的进步是很有限的,长远发展也会受到制约。相反,如果我们把接触面扩大,在不变的基础上利用变化的机会尽可能地锻炼自己,让自身综合能力不断得到提升,最后达到全面发展的目标。

一个典型的职业发展模式就是:用专业能力(或优势)带动综合素质的提升。比如有的人是专业型人才,专业能力很突出,但管理能力与沟通协调能力是短板,随着其工作资历的增加,他必然面临职业发展的瓶颈;在这种情况下,他可以在借助发挥专业优势的同时多尝试一些其他工作,比如带领新人、培训授课、外部考察等,利用这些机会在综合管理能力方面得到提升,逐步走上管理岗位。

人在每一次职业过渡的过程中,都需要思考是否符合曲线上升的规律,下一个工作机会是否在公司品牌与规模、工作岗位与平台、工作权限与自由度、薪酬回报等一个或多个方面达到更高的层面,能实现自身职业品牌的提升与增值。比如从一个中型公司到一个大型公司,从一个基层管理岗位到一个中层管理岗位等。

职业竞争能力的提升,是职业人士的永恒话题。但是,只要我们有着清晰明确的职业发展方向,有着坚定的信念与意志,敢于接受挑战与磨炼,策略性的经营自己的职业生涯,在职业发展的道路上持之以恒的培养与发挥核心竞争优势,就一定能够在众多的竞争对手中能够脱颖而出,展露成功的笑容。如图3-2-1所示。

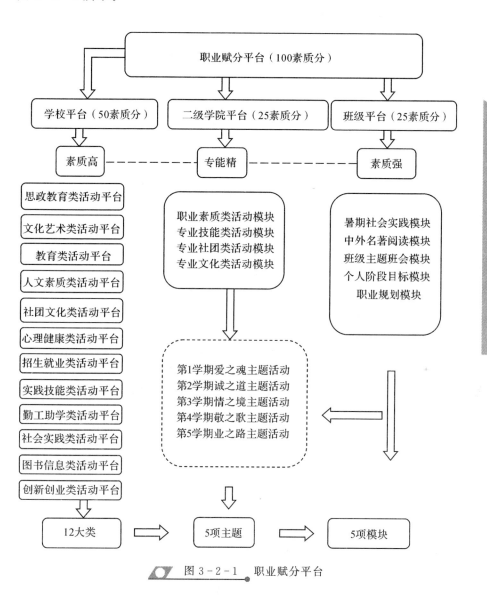

图3-2-1 职业赋分平台

3.2.2 职业人才模式

首先,职业市场存在特殊性。其次,职业交易中信息问题很突出。进一步需要职业服务市场与一般商品市场的差异性,职业服务市场的独特之处在于,其同时拥有市场的诸多特性:不确定性、职业保险的介入、信息不对称、外部性以及非营利性厂商扮演重要的角色等。

基于机制保障的人才培养模式,既是现代公共管理民主化、高效化不可或缺的重要环节,也是公共部门实现其公共责任和善治的一个重要手段职业权利的形成,依据是马克思主义人本与服务理论,其本质是由民做主,服务型政府模式下职业权利的实现在于政府法治的保障、政治道德的保障、信息技术保障及公民参与公共管理活动的自我保障。职业人才模式,如图3-2-2所示。

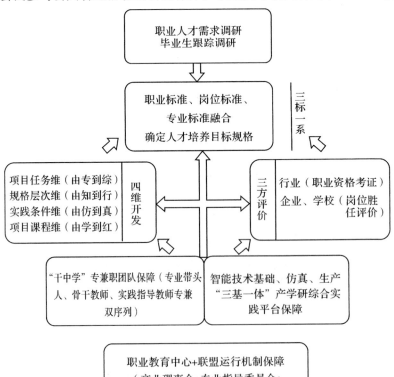

图3-2-2 职业人才模式

3.2.2.1 分阶段职业教育指导全过程模式

职业教育的目标是为社会培养高素质的具有综合职业能力的技术型、技能型人才。然而长期以来,职业教育中存在的理论与实践相脱离,致使经济界抱怨职业教育培养的人才不能满足企业的发展需要。尽管20世纪80年代以来,一直致力于通过改革来解决这一问题,如加强实践教学,提高学生的动手能力;借鉴国外先进的职业教育模式,改革的职业教育;倡导就业导向,加强产学合作等。这些改革措施的推行也在一定程度上缩小了职业教育的内容与真实工作世界的距离,但是没有从根本上解决传统职业教育中理论与实践二元分离的状态,没有突破以学科体系为主导的职业教育课程模式,仍然是在学科体系的框架下寻找与工作的联系,而这种联系只能是有限的、间接的,不可能从根本上解决职业教育内容远离工作世界的问题。究其原因是缺乏相应的理论支撑,没有在理论建构上解决理论与实践一体化的问题。以工作过程为导向的职业教育在设计上解构了传统的学科体系的职业教育,建构了理论与实践相结合的一体化的职业教育模式,为深化职业教育的教学与课程改革提供了可资借鉴的理论指导。如图3-2-3所示。

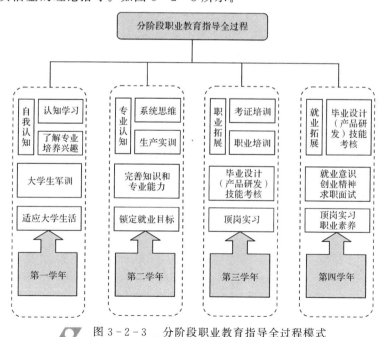

图3-2-3 分阶段职业教育指导全过程模式

3.3 能力模式

行、企、校合作与产学研结合相比较为微观，它是一种将学习与工作相结合的教育模式，形式多种多样，有一年分为三学期，工作与学习交替进行的；也有一个星期几天学习几天工作的；也有每天半天学习半天工作的，等等。无论是什么形式，他们的共同点是学生在校期间不仅学习而且工作，也就是半工半读或行、企、校合作。这里的工作不是模拟的工作，而是与普通职业人一样的有报酬的工作，因为只有这样，学生才能真正融入社会中得到锻炼。学生的工作作为学校专业培养计划的一部分，除了接受企业的常规管理外，学校有严格的过程管理和考核，并给予相应学分。

3.3.1 工作过程模式

以工作过程为导向的职业教育理论是德国 20 世纪 90 年代以来针对传统职业教育与真实工作世界相脱离的弊端以及企业对生产一线技术型、技能型人才提出的"不仅要具有适应工作世界的能力，而且要具有从对经济、社会和生态负责的角度建构或参与建构工作世界的能力"的要求，由德国著名的职业教育学家劳纳教授和他的团队——德国不来梅大学技术与教育研究所的研究者们，在一系列研究成果的基础上形成的。该理论提出后迅速被德国的学术界所认同，并成为德国职业教育改革的理论指南，20 世纪 90 年代后期开始在德国推行的"学习领域课程方案"就是该理论在实践中的应用。21 世纪，以工作过程为导向的职业教育被零星地介绍到，尽管并不系统，但一些核心思想已经被职业教育界所接受，并对近年来职业教育领域，特别是课程领域产生了深远的影响，如任务引领型课程模式基本上是按照工作过程导向职业教育的核心思想建构的。如图 3-3-1 所示。

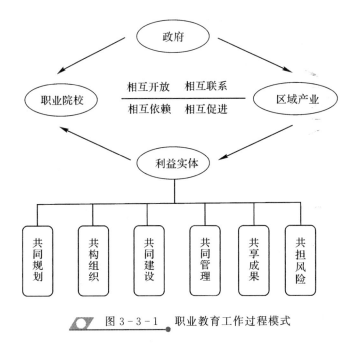

图 3-3-1 职业教育工作过程模式

3.3.1.1 合作评价模式

合作的基础是小组个体的独立思考与工作,小组成员独立思考的习惯,可以避免小组交流"人云亦云"盲目从众的现象;同时,小组分工是小组合作的前提。小组活动容易因责任分散而让学生产生依赖他人、坐享其成的思想和行为。所以,在小组合作中,小组成员必须明确自己在小组中的角色,承担起自己的责任。这种责任承担主要体现在两方面:一是做好自己在组内分工的任务,因为这份工作成为实现共同活动目标过程中不可忽视的一环;二是在做好"本职工作"的同时,积极主动地协助他人,这也是组内成员应尽的义务和不可推辞的责任。

合作评价的前提是有共同的目标,在实现共同目标的过程中,既需要小组成员发挥各自专长,又需要大家在小组合作中,理解并严格执行小组集体的共同约定,遵守合作规则,避免不必要的争论和争吵,使小组行为变得和谐统一。如图 3-3-3 所示。

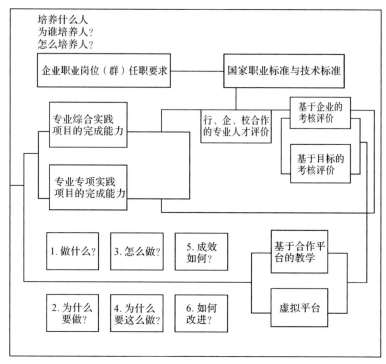

图 3-3-2 合作评价模式

3.3.2 仿真实训模式

学生层面来看,该模式目标清晰,任务明确、考评客观、学生可以时时对自己的每一笔业务、每一步操作进行效果查询,极大地提高了学生的积极性。从教师层面来看,对教师的促动也非常大。通过研讨,把该仿真综合模拟实训模式的思路和方法运用到日常的教育教学中去,规范教学大纲、进行教学改革、保持适当的课后练习、进行考试方式改革等,取得了下述教学效果。

(1) 提高了学生综合应用所学知识和技能的能力

通过该仿真综合模拟实训模式的教学运行,帮助学生整合所学知识解决实际问题,同时训练了学生利用所学技能处理综合业务问题的能力。在实施过程中,通过岗位轮换,完成各岗位面临的任务,将学生所学的知识和各单项、岗位技能贯穿起来,让学生在顶岗实习之前就有一个对真实工作环境的全面了解和对技能的综合训练。同时,通过仿真综合模拟实训,使学生对前期的学习成果进行综合和提升,为学生就业奠定了综合职业能力基础。

(2)培养了学生的职业感

仿真综合模拟实训教学和就业岗位的能力要求几乎零距离对接,培养了学生与就业岗位相适应的职业能力和职业精神。通过变革教学组织形式,明确岗位职责,使学生的责任意识、质量意识、团队合作意识得到明显的提升。

(3)推动了专业教学团队的建设

该仿真综合模拟实训模式对教师的专业知识、专业技能与教学方法提出了更高的要求。教师通过适时完善自身的知识结构与能力结构,提高了业务实际操作能力和项目管理的能力。同时,对前修课程教师提出更高要求,特别是单项技能实训课教师,从而促进教师教学能力和实践能力的全面提升。

(4)带动了专业实训教学条件的建设

为了保证仿真综合模拟实训模式的顺利进行,客观推动了相应的教学设备、实训环境的建设,有利于培养学生的综合职业能力。如图3-3-3所示。

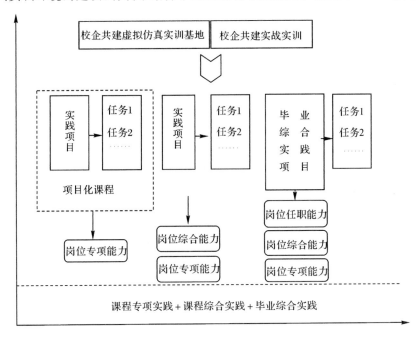

图3-3-3 仿真实训模式

3.4 生涯模式

"生涯模式"是指在一定的现代教育理论、教育思想指导下,按照特定的培养目标和人才规格,以相对稳定的内容和体系,管理制度和评估方式,实施人才生涯规划教育的过程的总和。

1. 明确人才培养的目的目标

人才培养是基于战略的,如何支撑内部运营具备战略导向变革或优化的能力?所以本质是要确定人才战略导向的核心能力。这一点说来简单,但极易忽视或做不到位。

2. 有所为有所不为的人才培养体系

有所为就是核心、重点放在战略目标导向的核心能力的培养上。

有所不为就是:非核心的部分通过现有的人力资源,现有流程制度去覆盖,不需投入额外的精力。因为即便有问题,也很容易解决。

3. 确定人才培养体系的对象

确定战略导向的核心能力,确定核心/关键岗位,然后基于这些岗位的任职资格确定骨干。

4. 对设计专门的人才培养体系

包括:人才培养流程制度体系、资源(课程、项目等)体系、评估体系、培养后续的激励体系(调薪、调职、工作丰富化等)。

须指出:生涯模式培养不是简单的培训。培训之外还有新员工导师制、导师制、项目培养制、委外培养等。

5. 人才培养体系推行

6. 人才培养结果的应用

后续还要做好人才培养体系与人力资源管理体系集成与融合,丰富人力资源管理体系。如图3-4-1所示。

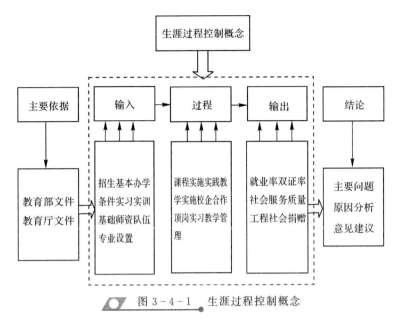

图 3-4-1 生涯过程控制概念

3.4.1 生涯目标实现

职业生涯目标的确定包括人生目标、长期目标、中期目标与短期目标的确定,它们分别与人生规划、长期规划、中期规划和短期规划相对应。一般,我们首先要根据个人的专业、性格、气质和价值观以及社会的发展趋势确定自己的人生目标和长期目标,然后再把人生目标和长期目标进行分化,根据个人的经历和所处的组织环境制定相应的中期目标和短期目标。

1)人生规划:整个职业生涯的规划,时间长至40年左右,设定整个人生的发展目标。如规划成为一个有数亿资产的公司董事。

2)长期规划:5~10年的规划,主要设定较长远的目标。如规划30岁时成为一家中型公司的部门经理,规划40岁时成为一家大型公司副总经理等等。

3)中期规划:一般为2~5年内的目标与任务。如规划到不同业务部门做经理,规划从大型公司部门经理到小公司做总经理等等。

4)短期规划:2年以内的规划,2年内掌握哪些业务知识等等。

在确定以上各种类型的职业生涯目标后,就要制定相应的行动方案来实现它们,把目标转化成具体的方案和措施。这一过程中比较重要的行动方案有职业生涯发展路线的选择,职业的选择和相应的教育和培训计划的制定。如图 3-4-2 所示。

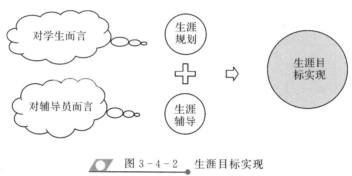

图 3-4-2　生涯目标实现

3.4.2　生涯目标过程

所谓"职业生涯",即一个人生命历程中与工作有关的经历。概括地说,职业生涯就是这样一种个人生命周期现象或人生动态过程,即人们基于各自的内在生命意义和价值目标驱动,面对市场经济大环境所带来的不确定性挑战,顺应自然、社会、经济和文化等外在条件及其变化,围绕自己从事的职业性工作序列这个核心主线,进行自主选择、自觉追求、理性感悟和适应性调整的人生历程。如图 3-4-3 所示。

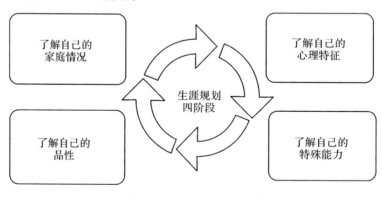

图 3-4-3　生涯目标过程

3.5　创新模式

以学生为本,就要以学生发展为着眼点,遵循人才成长的规律。研究人才成长的条件,改善教育条件与教育环境。人才成长需要一定的条件,包括有效的创造实践、内外因综合效应、竞争与合作、共生效应等等。在此基础上,改善教育条件,创设理想的教育环境。研究人才成长的过程,从职业兴趣开始。人的成长是分阶段的,各阶段的主要任务不同,其培养方法也不同。人的发展除了具有阶段性之外,各类型人才、各层次人才的最佳发展年龄是不一样的;人的各项素质的发展都有自己的关键期,等等。在教育过程中,高校要深入探索人才成长的这些规律,使人才培养有科学的依据。

3.5.1　职业兴趣模式

约翰·霍兰德(John Holland)是美国约翰·霍普金斯大学心理学教授,美国著名的职业指导专家。他于1959年提出了具有广泛社会影响的职业兴趣理论。认为人的人格类型、兴趣与职业密切相关,兴趣是人们活动的巨大动力,凡是具有职业兴趣的职业,都可以提高人们的积极性,促使人们积极地、愉快地从事该职业,且职业兴趣与人格之间存在很高的相关性。Holland认为人格可分为现实型、研究型、艺术型、社会型、企业型和常规型6种类型。如图3-5-1所示。

而气质体现了个体差异,不同气质对事业的成功有相当大的影响。理解不同气质的长处与短处,对职业选择、修炼性格、提高学习与工作效率、处理人际关系、了解对方、了解自己都有重要影响。见表3-5-1,列出不同气质特点与职业选择的关系,供参考。

1)多血质型。属于活泼、好动、敏感的气质类型。他们感受性低而耐受性高,举止敏捷、姿态活泼;情绪色彩鲜明,具有较大的可塑性和外向性;语言表达能力和感染能力强,善于交际,感情外露但又显得粗心浮躁;办事多凭兴趣,富于幻想,缺乏耐力和毅力。多血质的人工作能力强,容易适应新环境,适应面较广泛,适合做政府及企事业管理工作、外事工作、公关工作、驾驶员、医生、律师、运动员、新闻工作者、演员、公安侦察员、服务员等。多血质的人不适合做过细的工作,单调机械的工作也很难胜任。

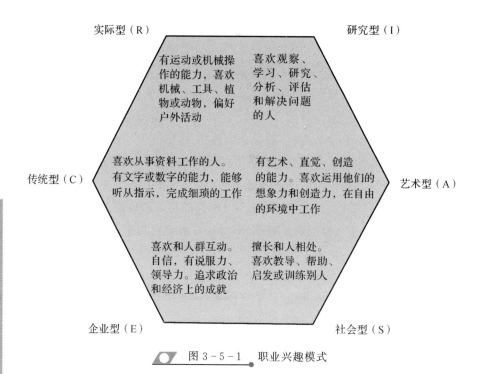

图3-5-1 职业兴趣模式

2）胆汁质型。属于热情、直率、外露、急躁的类型。他们感受性低而耐受性高，情绪高涨、抑制性差，日常生活中表现为积极热情，精力旺盛，坚韧不拔，语言明确，富于表情，喜欢新的活动、热闹场面，处理问题迅速而坚决；性情直率，但易急躁，热情忽高忽低，办事粗心，有时会刚愎自用，傲慢不恭。胆汁质型的人适合做导游、勘探工作者、推销员、节目主持人、外事接待人员、演员等工作，他们适应于热闹、繁杂的工作环境，而对长期安坐的细致工作很难胜任。

3）黏液质型。属于稳重、自制、内向的类型。他们的情感不易变化和暴露，平素心平气和，不易激动，但一引起波动就变得强烈、稳固而深刻；他们说话慢且言语少，遇事谨慎，善于克制忍让，对工作埋头苦干，有耐久力，注意力不易转移；但往往不够灵活，容易固执拘谨。粘液质型的人适合当外科医生、法官、组织、财会、统计、播音员等工作。

4）抑郁质型。属于好静、情绪不易外露、办事认真的类型。他们感受性高而耐受性低，沉静、深含、易相处、人缘好，工作细心审慎，稳妥可靠，但遇事缺乏果断和信心，工作适应能力差、容易产生悲观情绪。抑郁质型的人可以较好地胜任胆汁质型的人难以胜任的工作，比如：人事、机要、秘书、编辑、档案、化验、保管等工作。也适合从事研究工作和艺术造型工作等。需要说明的是，气质并无好坏之分,任何一种气质都有其积极和消极的方面,气质并不决定一个人的社会价值和成就的大小。如据有关专家研究认为,俄国 4 位著名的文学家,就分别属于 4 种气质类型。

表 3-5-1　气质差异比较

类别	多血质	胆汁质	黏液质	抑郁质
特质	活泼好动、敏感	热情、直率、外露、急躁	稳重、自制、内向	安静,情绪不易露,办事认真
优点	情绪色彩鲜明,有较大的可塑性和外向性;语言表达和感染能力强,善于交际	积极热情、精力旺盛、坚忍不拔;语言明确,富于表情;性格直率,处理问题迅捷而果断	心平气和、不易激动;遇事谨慎,善于克制忍让;工作认真,有耐久力,注意力不易转移。	感受性强,易相人缘好;工作谨慎、稳妥可靠
缺点	粗心浮躁,办事多凭兴趣,缺乏耐力和毅力	易急躁,热情忽高忽低,办事粗心,又是刚愎自用、傲慢不恭	不够灵活。容易固执拘谨,一旦激动会变得强烈稳固而深刻	遇事缺乏果断与心,适应能力差易产生悲观情绪
适合的职业	政府及企业管理人员、外事人员、公关人员、驾驶员、医生、律师、运动员、服务员等	导游、推销员、勘探工、作者、节目主持人、外事接待人员、演员等	外科医生、法官、财务人员、统计员、播音员	机要员、秘书、编辑、档案管理、化验员、保管员

3.5.2　创新合作模式

围绕个人未来的职业兴趣,指在一定的现代教育理论、教育思想指导下,按照特定的培养目标和人才规格,以相对稳定的教学内容和课程体系,管理制度和评估方式实施人才教育。

人才培养模式是高等教育领域的基本问题,有人才培养,就有人才培养的模式。但高校、学界及教育行政部门提出并讨论人才培养模式,则是近 20 多年、特别是近几年的事。高校提出"人才培养模式"这一概念最早见于文育林 1983 年的文章《改革人才培养模式,按学科设置专业》中,其内容是关于如何改革高等工程教育的人才培养模式。之后,也有一些高校和实践工作者继续讨论医学及经济学等各类人才的培养模式及其改革,但都未明晰何为"人才培养模式",对其内涵的把握较为模糊。由于高等教育实践的需要,理论工作者也逐步开始关注这一问题,并试图界定其内涵。刘明浚于1993年在《大学教育环境论要》中首次对这一概念做出明确界定,提出人才培养模式是指"在一定办学条件下,为实现一定的教育目标而选择或构思的教育教学样式。"

教育行政部门首次对人才培养模式的内涵做出直接表述,是在1998年教育部下发的文件《关于深化教学改革,培养适应21世纪需要的高质量人才的意见》中,指出"人才培养模式是学校为学生构建的知识、能力、素质结构,以及实现这种结构的方式,它从根本上规定了人才特征并集中地体现了教育思想和教育观念。"如图3-5-2所示。

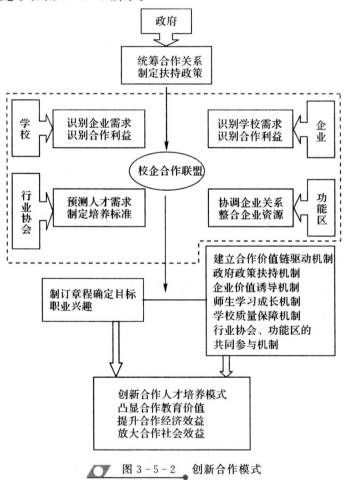

图3-5-2 创新合作模式

3.5.2.1 "双主"理念指导下的行动导向型职业教学流程

行动导向型教学法强调学生是学习过程能动的中心,教师是学习过程的指导者、组织者与协调人。其最常使用的教学模式实施步骤就是"六步法":信息咨询、计划、决策、实施、控制检测、评估。具体步骤如下。

1.信息咨询(引入)

1)准备工作:设计学习领域和学习情境之前,教师先把课堂上最基本的教学媒体设计好,并准备好工作用的设备、器材、参考资料,参考用的学习(工作)流程以及学习(工作)表单等。

2)提出任务:常常由教师提出一个或几个项目任务设想,然后同学生一起讨论,最终学生自行确定或师生共同确定项目的目标和任务。也可由教师提供相关信息、设疑,由学生提出和确定项目任务。

3)分组搭配。小组成员要强弱搭配。分配具体任务时,要注意成员之间水平差异、性格特征,力争小组的每一个成员跳一跳都能摘到桃子。

2.制定计划

先由学生讨论、制定项目工作计划,确定工作步骤和程序,最后得到教师的认可。

3.决策路径(收集信息、筛选信息)

学生根据课外相关的学习领域通过相关的媒体进行学习,从书本上、网络上查找有关信息,并整理、加工、筛选信息,并提出设想或探索的路径或方向。

4.实施计划

学生确定各自在小组中的分工以及小组成员合作的形式,然后按照已确立的工作步骤和程序进行工作。

5.控制检测

先由学生对自己的工作结果进行自我评估,再由教师进行检查评分。师生共同讨论、评判项目工作中出现的问题,学生解决问题的方法以及学习行动的特征。通过对比师生评价结果,找出造成结果差异的原因。

6.评估应用

作为项目的教学(实践)成果(产品),应尽可能具有实际应用价值和职业能力的培养。因此,项目工作的结果应该归档或应用到学习或教学(生产)

实践。

行动导向教学法是一种完整的创新的教学体系。强调以教师为主导,学生为主体的"双主"理念指导下的行动导向,如图3-5-3所示。

"双主"理念指导下的行动导向型职业教学,是指职业培训教学是让学生在活动中,用行为来引导学生、启发学生的学习兴趣,让学生在团队中自主地进行学习,培养学生的关键能力。在这种教学理念的指导下,老师要针对不同的教学内容、不同的目标对象,在教学实践中创造出诸如"头脑风暴法""案例教学法""问题教学法""知识竞赛法""引导课文法"等具体的新教学方法。

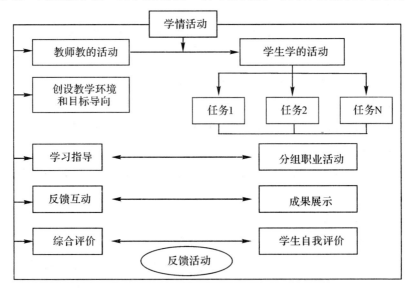

图3-5-3 "双主"理念指导下的行动导向型职业教学流程

3.5.2.2 技能引航工程的基本设想

技能引航协作关系主要包括国际、校际间、校企间以及学生之间的交流协作。主要体现在对内和对外两方面。

1)对外方面,与国外密切合作,共同制订适合学生特点的培养计划;并与其他高等学校和企业在教学和科研上密切合作,优势互补,邀请外校教授、博士及企业人士来讲学,充分利用了其他院校及企业的人力及智力资源。

2)对内方面,注意发挥计算机专业和相关专业的优势间密切协作,与其他大学间的密切合作,优化授课教师的资源。聘请计算机专业,精通英文且熟悉国际化教学的教师,聘请相关专业具有实际科研水平的优秀教师授课。该项目培养和锻炼了一支可以参与国际交流的专业教师队伍,也确立了人格塑造是根本,培养创新意识和发展能力为重点,传授知识为目标的人才培养理念。如图3-5-4所示。

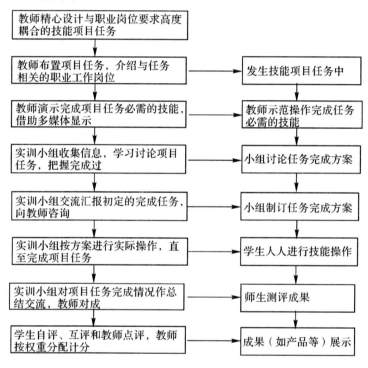

图3-5-4 技能引航工程的基本设想

3.5.2.3 人才素质拓展模式

为了进一步落实中共中央、国务院《关于深化教育改革、全面推进素质教育的决定》贯彻以人才培养为中心、全面推进素质教育、提高人才培养水平的办学理念,根据要求,形成本办法。

1.组织机构

成立学生素质拓展工作领导小组。由学院领导担任正副组长,学生工作部、教务处、团委、招生就业办、继续教育学院、科研处和各二级学院(系)负责人为成员。负责领导和规划全院学生素质拓展工作，领导小组办公室设在学工部。

2.认定原则

1)学院全日制学生在校期间除必须修满本专业所规定的课程学分外，还必须修满规定的素质拓展学分方可毕业：本科学生为50个学分，专科学生为40个学分。

2)学生素质拓展项目由六个类别构成(见下表)，原则上，学生在校期间每个类别都应获得一定的学分；学生可根据个人情况自主选择公共素质拓展项目。

3)学生素质拓展学分不设上限，不限类别，通过认定，可冲抵相应的课程必修学分。

4)由各二级学院(系)结合专业和实际设置的学生素质拓展项目，经学院素质拓展工作领导小组审核同意后方可组织实施。

3.认定程序

(1)个人申报

学生本人根据参加素质拓展活动的实际情况如实填写《学生素质拓展学分认证表》，并提供相应的证明材料。

(2)班级团支部初审

学生填写的《大学生素质拓展学分认证表》和有关证明材料，由班级素质拓展学分工作小组汇总后进行评议和初审。

(3)二级学院审核

班级初审、辅导员确认后，由二级学院(系)学生素质拓展工作小组对学分认证情况进行审核。

(4)学工部(处)认定

各二级学院审核、负责人签字确认后，向学工部提交学分认证审核材料，学工部组织有关人员进行学分认定。通过认定后统一将学分认定结果报教务处。见图3-5-5、表3-5-2。

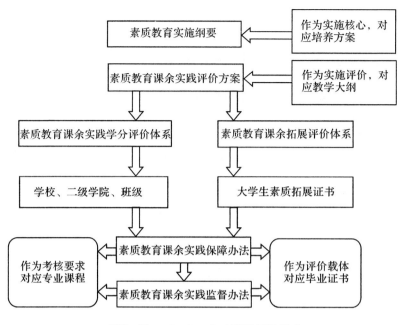

◆ 图 3-5-5　人才素质拓展模式

表 3-5-2　大学生素质拓展项目及学分认定一览表

类别	基础素质拓展项目	学分	认证单位
一、思想政治与道德素养	1.参加业余党校的培训并结业	1	党工部
	2.参加团校、学生干校的培训并结业	1	团委
	3.在学校组织的思想政治教育或精神文明建设活动竞赛中获奖	2	学工部
	4.在院（系）组织的思想政治教育或精神文明建设活动竞赛中获奖	1	二级学院（系）学生科
	5.因表现优秀受到国家、省、市、校表彰	6,4,3,2	学工部
	6.因表现优秀受到院（系）表彰	1	二级学院（系）学生科
	7.参加人文素质讲座（至少四场）并撰写心得体会	0.5/场	辅导员
	8.所在寝室被评为"文明宿舍"	0.3/人/次	辅导员
	9.所在寝室被评为"标杆文明宿舍"	1分/人/次	辅导员

续表

类别	基础素质拓展项目		学分	认证单位
二、科技学术与创新创业	1.参加学科专业、学术科技竞赛	国家级：参加者、获奖者	3,6	教务处
		省(市)级：参加者、获奖者	2,4	
		校级：参加者、获奖者	1,2	二级学院(系)
		院(系)级：获奖者	1	
	2.参加创新、创业竞赛	国家级：参加者、获奖者	3,6	教务处、招生就业办
		省(市)级：参加者、获奖者	2,4	
		校级：参加者、获奖者	1,2	二级学院(系)
		院(系)级：获奖者	1	
	3.参加挑战杯赛	国家级：参加者、获奖者	3,6	团委
		省(市)级：参加者、获奖者	2,4	
		校级：参加者、获奖者	1,2	团总支
		院(系)级：获奖者	1	
	4.在公开发行的一般刊物上发表专业论文的第一作者、第二作者		3,2	科研处
	5.在核心刊物上发表专业论文的第一作者、第二作者、第三作者		6,3,2	
	6.参加学术报告会、专题讲座(至少4场)并撰写心得体会		0.5/场	辅导员
	7.获国家级发明专利、实用新型专利		6,4	科研处
	8.自主创业并取得一定成果者		1~3	招生就业办
	9.参加院(系)组织的素质拓展项目(本科前3年,专科前2年)		1/项	指导老师或辅导员

续表

类别	基础素质拓展项目		学分	认证单位
三、社会实践与志愿服务	1.参加暑期实践周活动(本科三次、专科二次)并取得一定成果(社会调查、实践报告等)		3/次	指导老师
	2.社会实践、志愿服务活动(成果)中获得国家、省、市、校表彰		5,4,3,2	学工部、团委
	3.社会实践、志愿服务活动(成果)中获得所在院(系)表彰		1	二级学院(系)学生科
	4.参加志愿服务并完成任务(本科不少于40h,专科不少于30h。同一项活动不得超过2学分。)		0.2/h	团委、团总支
四、文体艺术与身心发展	1.参加文化艺术竞赛(含演讲、辩论、征文、文体表演、知识竞赛等各类比赛)	国家级:参加者、获奖者	3,6	学校组织的由组织单位认定,自主参加的由学工部认定
		省(市)级:参加者、获奖者	2,4	
		校级:参加者、获奖者	1,2	二级学院(系)学生科
		院(系)级:获奖者	1	
	2.学校组织的大型文体活动的演出者(如迎新晚会、五四晚会等)		1/次	二级学院(系)学生科
	3.各级各类体育竞赛	国家级:参加者、获奖者	3,6	体育教学部
		省市级:参加者、获奖者	2,4	
		校级:参加者、获奖者	1,2	
		院(系)级:获奖者	1	
		破省高校记录者;破校记录者	4,2	
	4.参加学校艺术团的培训、排练、演出并完成任务		2/学期	艺术团
	5.参加学校运动队并参加集训		2/学期	体育教学部
	6.参加院(系)大型文体表演训练		1/学期	二级学院(系)学生科
	7.学生在本科前3年,专科前两年,每一学期阅读三本及以上专业或其他健康有益著作并撰写读书心得(以读书笔记或心得为准)		2/学期	二级学院(系)学生科
	8.公开发行的刊物上发表文章(非专业)的第一作者	国家级、省级、市级及校级	5,3,2,1	科研处

续表

类　别	基础素质拓展项目	学　分	认证单位
五、技能培训与其他	1.获得相关职业能力资格证书及技能证书(含驾驶证)	2~3/个	继续教育学院
	2.参加自学考试并通过	1/门	继续教育学院
	3.参加外语、计算机等级考试并通过	2~3/项	教务处
	4.参加学生素质拓展中心公共素质拓展项目训练	1~2/项	团委
	5.必须制定切实可行的"学习成才规划"	1	专业导师或辅导员
	6.必须制定切实可行的"职业导航规划"	1	就业指导老师

第四章
创新创业　成就梦想

约瑟夫·A·熊彼特(J.A.Schumpeter,1883—1950),原籍奥地利的美国著名经济学家,是西方经济学界公认的博学多闻、兼收并蓄的经济学大师。在1912年出版的早期代表作《经济发展理论》中,熊彼特开创性地提出了"经济发展理论和创新思想"。

马克思主义关于人的全面发展学说包含着两个不可分割的内容:一是社会应向人提出全面教育;二是要给每个人发展个性的权力,这是人类迈进解放自己航道的标志。因此,注重个性、发展个性是开发人的创造力、落实全面发展的重要前提。

当前是创造发明的时代,是知识爆炸的时代,国家之间、企业之间的竞争越来越激烈,从现象上看是产品竞争,从实质上看是智力竞争,是创造力的竞争,归根到底是创造发明的竞争。创造学就是要通过对创造发明史和当今大量的发现、发明的过程实例进行解剖、分析、研究,力求找出创造发明活动的规律,借助规律有效地进行各种创造发明,对任何一个实践领域都具有现实意义,对任何一个立志搞革新的人都是不可缺少的。

在政府工作报告中提出制定"互联网+"行动计划,推出移动互联网、云计算、大数据、物联网等现代制造业结合,促进电子商务、工业互联网和互联网金融健康发展,引导互联网企业拓展国际市场。新的产业带来新的挑战,新的需求,和各类企业在新媒体方面的人才。微信和微博的运营对于企业来说变得越来越重要,市场出现了巨大的新媒体人才缺口。在大学校园,运营新媒体的人也变得越来越多,而毕业从事新媒体的人却很少。这一计划可以有效解决新媒体人才方面的缺口。

4.1　创业概述

创业是指某个人发现某种信息、资源、机会或掌握某种技术,利用或借用相应的平台或载体,将其发现的信息、资源、机会或掌握的技术,以一定的方式,转化、创造成更多的财富、价值,并实现某种追求或目标的过程。

创业是一种劳动方式,是一种无中生有的财富现象,是一种需要创业者组织、运用服务、技术、器物作业的思考、推理、判断的行为。

4.1.1 创业模型概述

近20年来,经济全球化和信息技术的发展催生了大量的创业机会,创业模型基本上可以分为要素均衡和要素主导两类(董保宝和葛宝山,2008)。要素均衡模型是指模型中各个要素互相协调、均衡发展并发挥作用的模型;而要素主导模型则是指各要素之间不存在协调均衡的关系,而是以某一要素为主导来协调其他要素之间的关系,即一种主要因素的存在影响另一些因素的存在以及不同因素之间的相互作用关系,最终影响创业结果。

通过对现有创业模型研究文献的梳理,一个以环境、组织、过程与创业者为主要驱动因素的概念框架,如图4-1-1所示。该创业模型,不仅描述了新企业的创建,也适用于单个创业者的创业行为。此模型并不是专门回答"新企业是如何创建环境、组织"这一问题,而是为新企业的创建提出了可供参考的发展模型,因此,这一模型也是动态的。

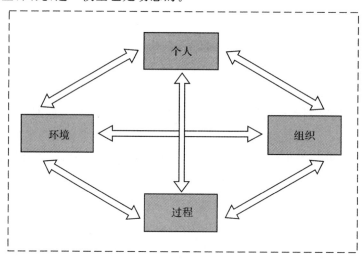

图4-1-1 驱动因素创业模型

4.1.1.1 克里斯提安创业模型

克里斯提安提出来的创业模型(见图4-1-2)主要的两个元素为创业者与新事业。由于克里斯提安的模型主要强调创业者与新事业的互动关系,因此他将如何创立新事业(New Venture),随着时间而变化的创业过程管理(New Venture Creation),以及影响创业活动的外部环境网络(Environmental Networking)等3个议题,视为创业管理的核心问题。

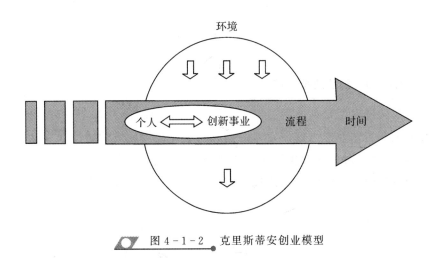

图4-1-2 克里斯蒂安创业模型

4.1.1.2 创业的"策略—结果"模型

创业知识必须通过创业者自己的亲历学习或观察才能得到,而专门知识可以通过雇佣专业人员而得到;所谓知识可以被描述为对特定"策略—结果"之间关系的信息;选择采用旧策略还是新策略对于创业者是一个重要的问题,这代表了探索与利用这两种不同性质的活动。如图4-1-3所示。

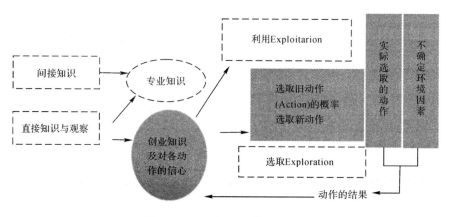

图 4-1-3 创业的"策略—结果"模型

4.1.1.3 创业成就动机模型

成就动机模型是创业学习研究领域中最活跃的研究者之一,提出了一个有关创业者创业能力如何发展的概念模型。采用内省式访谈研究初创业者,他认为通过对创业者生活故事的现场研究,能够让研究者得到丰富的思想,他利用这种描述性方法,形成了创业学习的一个概念模型。如图4-1-4所示。

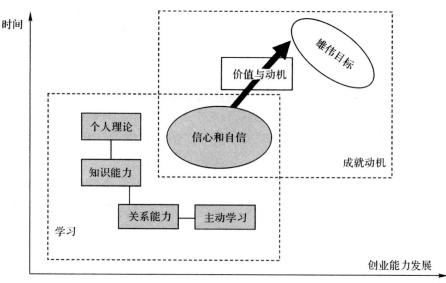

图 4-1-4 创业成就动机模型

4.1.1.4 创业因果逻辑模型

创业企业中的学习具有创造性的成分,突破了重复和渐进式的优化。它发生在模糊的背景中,涉及开发全新的解决办法或有根本性质的创新产品。由于要解决的问题不涉及重复问题,这样的能产生性学习的结果不一定需要在惯例行为上发生变化。能产生性学习的结果作为在只是机构上的变化支撑着理解和行动。如图4-1-5所示。

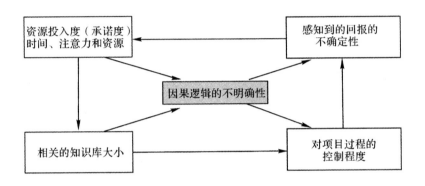

图4-1-5 创业因果逻辑模型

4.1.1.5 创业失败的编码逻辑线索

对创业失败原因做出"客观"总结也是很难的,因为这可能与归因者的知识构成,归因逻辑等有关系。通过对上述研究的分析,提炼出如图所示的编码逻辑线索,以下对这个逻辑进行说明。如图4-1-6所示。

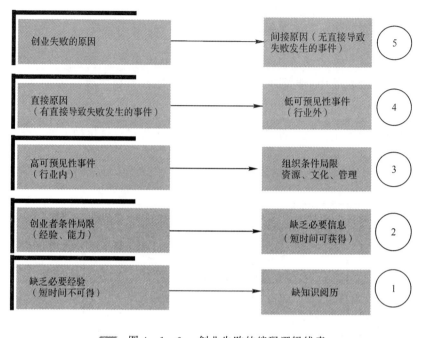

图 4-1-6 创业失败的编码逻辑线索

4.1.1.6 帝蒙斯创业模型

帝蒙斯认为,创业过程是创业机会、创业团队和资源之间适当配置的高度动态平衡过程,其中,创业机会是创业过程的核心要素。帝蒙斯创业模型(见图4-1-7)采用三要素的动态平衡过程来总结创业过程的动态性。Christian提出了基于创业者和新创企业互动的创业过程理论模型,认为创业者创建新企业是创业过程的关键构成要素,创业过程实质上是在外部环境作用下的紧密互动过程,强调创业者于与新企业的互动。

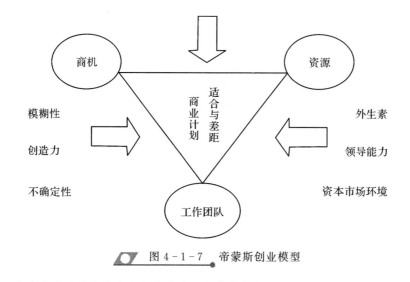

图 4-1-7 帝蒙斯创业模型

4.1.1.7 萨尔曼(Sanlman)创业选择模型

萨尔曼在"SONME Thoughts on Business Plan, The Entrepreneurial Venture"中提出了自己的创业模型。他认为,创业过程是4个关键要素相互协调、相互选择的过程。4个关键创业要素包括:人和资源、机会、交易行为和环境。他在该创业模型中强调了环境的重要性,认为其他3个创业因素来源于环境。另外,该模型考虑了交易行为因素。如图4-1-8所示。

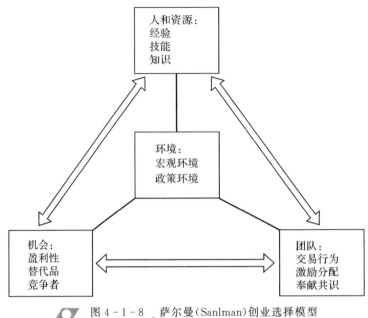

图 4-1-8 萨尔曼(Sanlman)创业选择模型

4.1.2 广义狭义创业

创业是一种创新性活动,它的本质是独立地开创并经营一种事业,使该事业得以稳健发展、快速成长的思维和行为的活动。走上创业之路是人生的一个大转折,它是成就自己事业的过程,是自我价值和能力的体现。创业,要直接面对社会,直接对顾客负责,个人的收入直接与经营利润连在一起。其实,创业的过程就是解决一个又一个矛盾的过程。正如一位作者指出:"创业最大的好处,就是可以当自己的主人。"

创业模型是一个倒立的三角形三个核心要素构成,创业团队位于三角形的底部。在创业初始阶段,商业机会较大而资源较为缺乏,三角形将向左边倾斜;随着企业的发展,企业拥有较多的资源,但这时原有的商业机会可能变得相对有限,这就导致另一种不均衡。创业领导者及创业团队需要不断探求更大的商业机会,进行资源的合理利用,使企业发展保持合适的平衡。这三者的不断调整,实现了动态均衡,这就是新创企业发展的实际过程。如图 4-1-9 所示。

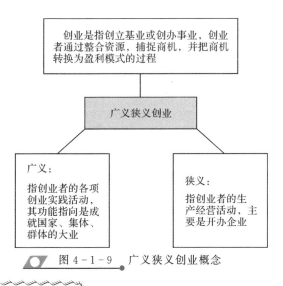

图 4-1-9　广义狭义创业概念

4.1.2.1　创业定律描述

罗丹说雕塑大法就是"减去多余部分",把一个方形泥坯逐步雕琢成为一个美丽的艺术作品,需要很大的勇气去做减法。创业过程如同雕塑,任何原始的想法都是一个泥坯,大而且看不清楚,但是好的团队能够从不同的角度去下手,逐步减去那些多余的部分,让自己的作品慢慢被看清楚。优秀的团队不但能够做减法,而且有相当程度的美学功底,让作品看上去更加独特和值得欣赏。

所有不够好的商业,都还存在着大而全的问题。从这样的商业中,可以看到各种方式的赢利模式,以及各种方式的收费模型,但是就是无法欣赏到其中独特的东西。创业过程如同减法雕塑,如果想达到很美,就要不断减去多余部分(见图 4-1-10)。

图 4-1-10　创业定律描述

关于什么是创业,目前还没有一个被广泛接受和一致定义的概念。可以说有多少学者探讨过,它就有多少种定义,很多学者分别从不同角度对创业的概念进行了探讨解释。这里,我们精选了部分创业的定义,并将其制成了表格(见表4-1-1)以方便学习者比较学习。

表4-1-1 关于什么是创业[1]

成 果	定 义
豪特	创业是指承受不确定性和风险而获取利润
豪特	创业即实现企业组织的新组合——新产品、新服务、新原材料来源、新生产方法、新市场和新的组织形式
科尔	创业即承受不确定性,协调生产型资源,引入创新和提供资本
科尔	创业即发起、维持和发展以利润为导向的企业的有目的性的行为
夏姆 Shame,丝罗普利斯 Siropolis	创业即创业者依据自己的想法及努力工作来开创一个新事业,包括新公司的创立、组织中新单位的成立,以及提供新产品和新服务,以实现创业者的理想
卡森	创业即对稀缺资源的协调整合
荣斯戴特	创业是一个创造并实现财富增长的动态过程。财富是由这样一些人创造的,他们承担资产价值、时间承诺或提供产品服务的风险。他们的产品或服务未必是新的或唯一的,但其价值是由企业家通过获得必要的技能与资源来注
盖特纳	创业即新组织的创建
史蒂文森	创业即一个人——你不管是独立还是在一个组织内部——追踪和捕捉机会的过程,这一过程与当时控制的资源无关
西斯瑞克	创业是一个发现和捕捉机会并由此创造出新颖的产品、服务或实现其潜在价值的过程。创业必须要贡献时间和付出努力,承担相应的风险,并获得金钱的回报、个人的满足和独立自主

---

[1] 技术创业学:创业思维-过程-实践,作者:魏拴成,曹扬,姜伟,张洪雁,出版社:清华大学出版社,出版日期:2014年1月。

续表

成　果	定　义
哈特，斯蒂文森和戴尔	创业可以不顾现有可控制的资源而寻求和利用机遇，但是受到创建者之前选择和行业相关经验的限制
蒂蒙斯	创业是一种思考、推理和行为方式，这种行为方式是机会驱动的，注重方法和领导相平衡，创业导致价值的产生、增加、实现和更新，不只是为所有者，也为所有的参与者和利益相关者
李志能、郁义鸿	创业是一个发现和捕捉机会并由此创造出新颖的产品或服务和实现其潜在价值的过程
宋克勤	创业是创业者通过发现和识别商业机会，组织各种资源提供产品和服务以创造价值的过程
许玫	创业是一种以创新为基础，以创造价值及提高生产力为目的的综合性社会活动
赫里斯、彼得斯	创业是通过奉献必要的时间和努力，承担相应的经济、心理和社会风险，并获得最终的货币报酬，个人满足感和自主性的，创造出有价值的新东西的过程
马克·J、多林格	创业是在风险和不确定条件下，为了获取利益或成长而创建创新型经济组织（或者组织网络）的过程
雷家辅、王兆华	创业是发现、创造和利用适当的创业机会，组合生产要素，创立新的事业，以获得新的商业成功的过程或活动
林嵩	创业是一种新价值的创造活动，这种新价值创造活动，不仅是指从通常意义上的从创业机会到创建新企业的过程，也指成熟的大企业内部新业务的开展过程
杰克·M卡普兰、安东尼·巴沃伦	创业是投入必要的时间与精力，承担相应的资本以及心理、社会风险，创造一些与众不同的东西并以获得金钱和满足感作为回报的过程

4.1.2.2　几种创业概念比较

在众多学者关于创业的定义中，我们不难发现其中的一些共性的关键词："创建、创造""新事业、新企业""创新、新组织、新市场""发现机会、创造机会、利用机会""不确定性、冒险精神、承担风险""创造价值、追逐利润、回报、过程"等。

我们认为:创业的过程是创业者个人价值的实现过程,是企业成长不可逾越的阶层,同时也是新兴产业产生、成长和发展的微观过程。创业者要完成整个创业过程,创造出新的有价值的事物,需要付出极大的努力和时间。同时在创业的过程中,不仅包括财务上的风险,同时还包括精神方面,社会方面以及家庭方面的风险。作为一个创业者所获得的不仅仅是金钱方面的回报,重要的可能是其由此获得的独立自主,及随之而来的自我价值的实现。见表4-1-2。

表4-1-2 几种创业概念比较

来源	定义
Weber	创业是接管和组织一个经济体的某部分,并且以自己可以承受的经济风险通过交易来满足人们的需求的过程,其目的是创造利润
库拉特克,霍杰茨	创业是一个涉及远见、变革和创造的动态过程。它需要投入精力和热情来进行创新并实施新的解决方法。创业的必要因素包括能承担一切的风险;有能力创建一个高效的风险团队;能整合所需要的资源和创造性技能;制定一份稳定的商业计划的基础技能;最后还要具备一种在别人认为混乱、矛盾和疑惑的地方发现机遇的远见
约翰·斯图尔特·米尔	创业是指不断前进的欲望……,为自身或他人的利益不断尝试和成就新事物
张玉利	把创业仅仅理解为创造新企业是片面的,创业的本质更在于把握机会、创造性的整合资源、创新和快速行动,创业精神是创新的源泉
GEM(全球创业观察)	创业是指依靠个人、团队或一个现有企业,来建立一个新企业。例如自我就业、一个新的业务组织或一个现有业务的扩张

4.1.2.3 创业实施路径

随着经济的发展,投身创业的人越来越多,我国《科学投资》杂志对国内上千例创业者案例进行研究,发现国内创业者基本可以分成以下类型。

1. 生存型创业者

生存型创业者大多为下岗工人、失去土地或因为种种原因不愿困守乡村的农民,以及刚刚毕业找不到工作的大学生。这是中国数量最大的创业人群。清华大学的调查报告称,这一类型的创业者占中国创业者总数的90%。一般创业范围均局限于商业贸易,少量从事实业,也基本上是小打小闹的加工业。当然也有因为机遇成长为大中型企业的,但数量极少。

2. 主动型创业者

主动型创业者又可以分为两种,一种是盲动型创业者,另一种是冷静型创业者。前一种创业者大多极为自信,做事冲动。有人说,这种类型的创业者大多同时是博彩爱好者,喜欢买彩票、喜欢赌,而不太喜欢检讨成功概率。这样的创业者很容易失败,但一旦成功,往往就是一番大事业。冷静型创业者是创业者中的精华,其特点是谋定而后动,不打无准备之仗,或是掌握资源,或是拥有技术,一旦行动,成功概率通常很高。

3. 赚钱型创业者

除了赚钱,该类创业者没有什么明确的目标。他们就是喜欢创业,喜欢做老板的感觉,不计较自己能做什么,会做什么。他们可能今天在做这样一件事,明天又在做那样一件事,而做的事情之间还可以完全不相干。其中有一些人甚至对赚钱都没有明显的兴趣,也从来不考虑自己创业的成败得失。奇怪的是,这一类创业者中赚钱的并不少,创业失败的概率也并不比那些兢兢业业、勤勤恳恳的创业者高。而且,这一类创业者大多过得很快乐。如图4-1-11所示。

美国百森学院企业管理研究中心主任、著名的管理学专家威廉·D·拜格雷夫认为优秀创业者的素质可以概括为10个"D":Dream（理想）,Decisiveness（果断）,Doers（实干）,Determination（决心）,Dedication（奉献）Devotion（热爱）,Details（周详）,Destiny（命运）,Dollar（金钱）和Distribute（分享）等。

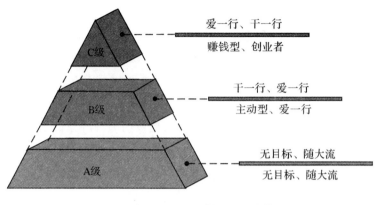

图 4-1-11 创业的思维模型

4.2 创业预备

克制"本我"的本能冲动、争脱"超我"的约束和限制,使"自我"价值能够得到顺利实现,即在个体成长中其身心各方面的潜能获得充分发展,最后达到一种臻于完美、到达顶峰且超越时空与自我的心灵满足感,即马斯洛所说的"高峰体验"(Peak Experience)。

4.2.1 创业者的特征

第一资金在创业中是万万少不了的,没有资金一切都是空话,第二人际关系在创业中也是非常重要的,有朋友共担风雨会更好地发展你的事业,第三要有一颗坚强的心,有困难不躲避,迎面挑战困难,因为困难给你从别的事和物中无法体会的经验的,能坚强一个人的心,加强你的社会经验,想创业不是一件简单的事,只有一定条件达到才万事有成。如图 4-2-1 所示。

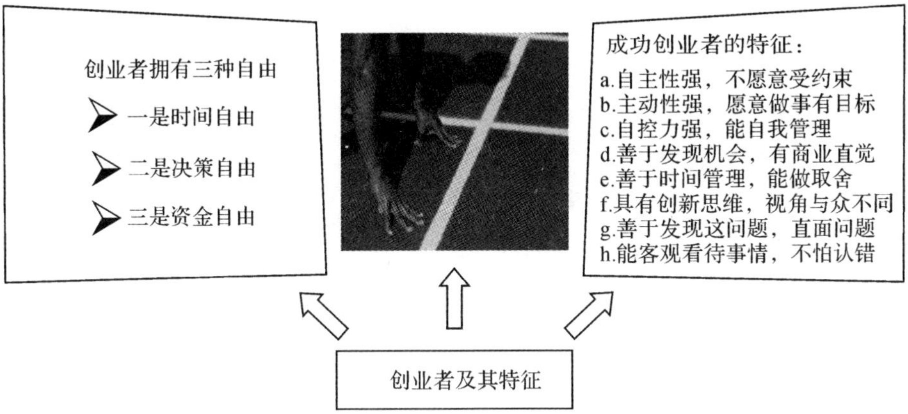

创业者拥有三种自由
➤ 一是时间自由
➤ 二是决策自由
➤ 三是资金自由

成功创业者的特征：
a.自主性强，不愿意受约束
b.主动性强，愿意做事有目标
c.自控力强，能自我管理
d.善于发现机会，有商业直觉
e.善于时间管理，能做取舍
f.具有创新思维，视角与众不同
g.善于发现这问题，直面问题
h.能客观看待事情，不怕认错

创业者及其特征

图 4-2-1 创业者及其特征

4.2.2 创业机会识别

创业项目选择应编写得清楚、扼要，能对所涉及的关键的假设作具体解释。具体而言，一个创业项目必须回答清楚以下几个基本问题（见图 4-2-2）。

1）你要做什么（What）？清楚简洁的描述你的产品或服务的名称、特点、核心优势。

2）你的市场在哪里（For whom and at where）？论证你的产品或服务面向的顾客群及其特点、规模；同类或者相似产品服务的市场状况以及竞争对手状况，你所拥有的差异性以及优势。

3）你准备和谁一起做（With whom）？阐释你的团队构成、团队技能组成以及拥有的基础资源、核心资源？

4）你准备怎么做（How do）？说明你将采用什么生产产品或者提供服务的技术、使用什么的市场方法寻找你的顾客以及销售你的产品？

5）创业第一年可能的经营状况怎么样（How）？（预先）编制第一年的现金流量表、损益表，估计第一年可能会遇到的各种困难和风险。

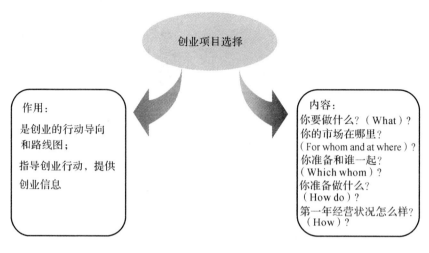

图 4-2-2 创业机会识别

在成功创业的路上,创业者首先要解决的问题是如何识别创业机会。好的创业机会,必然具有特定的市场定位,专注于满足顾客需求,同时能为顾客带来增值的效果,创业需要机会,机会要靠发现。要想寻找到合适的创业机会,创业者应识别以下创业机会。

现有市场机会和潜在市场机会。现有市场机会是市场机会中那些明显未被满足的市场需求,往往发现者多,进入者也多,竞争势必激烈。潜在市场机会是那些隐藏在现有需求背后的、未被满足的市场需求,不易被发现,识别难度大,往往蕴藏着极大的商机。如图 4-2-3 所示。

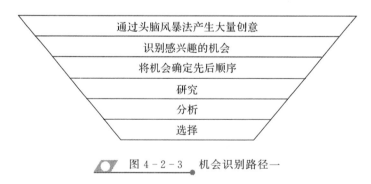

图 4-2-3 机会识别路径一

行业市场机会与边缘市场机会。行业市场机会是指在某一个行业内的市场机会,发现和识别的难度系数较小,但竞争激烈成功的机率低。边缘市场机会是在不同行业之间的交叉结合部分出现的市场机会,处于行业与行业之间出现"夹缝"的真空地带,难以发现,需要有丰富的想象力和大胆的开拓精神,一旦开发,成功的概率也较高。如图4-2-4所示。

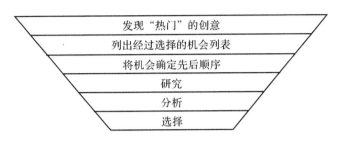

图4-2-4 机会识别路径二

目前市场机会与未来市场机会。目前市场机会是那些在目前环境变化中出现的机会,未来市场机会是通过市场研究和预测分析它将在未来某一时期内实现的市场机会。若创业者提前预测到某种机会会出现,就可以在这种市场机会到来前早做准备,从而获得领先优势。如图4-2-5所示。

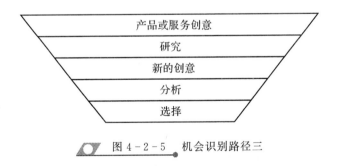

图4-2-5 机会识别路径三

4.3 创业谋划

万事开头难,良好的开始是成功的一半。所有这些问题的核心,便是如何迈好开始的第一步。创业难,发掘创业机会更难。有一些人将创业点子的产生,归因于机缘凑巧,所谓"无心插柳柳成荫"。不过,研究创意的专家以为,创意只是冰山上的一角,没有平日的用心耕耘,机缘也不会如此的凑巧。所谓的机缘凑巧或第六感的直觉,主要还是因为创业者在平日培养出侦测环境变化的敏锐观察力,因此,能够先知先觉形成创意构想。

创业,是创建一个经济组织,是实现个人发展目标;是一种经济功能和个人特质。是一种管理方法;是一种思考,推理,和行动的方法。是创建公司将其出售获取资本收益。

4.3.1 何谓创业资源

资源是创业成长的重要基础。在创业过程中,如果没有足够的创业资源,即使出现了大好的创业机会,创业者也难以迅速抓住这个机会,而有价值的机会往往是转瞬即逝的。优秀的创业者需要了解创业资源的重要作用,不断开发和积累创业资源。同时,创业者还需要善于借助企业内外部的力量对各种创业资源进行组织和整合,这样才能实现机会的有效开发以及战略的有效执行。

创业资源的含义在现有的研究中讨论非常丰富,这里我们将创业资源定义为创业过程中,新创企业所需要的各种生产要素和支持条件。根据林强(2007)的研究,可以按照资源对企业成长的作用将其分为两大类;那些直接参与企业日常生产、经营活动的资源,称为要素资源;而那些虽然未直接参与企业生产,但是其存在极大地提高了企业运营有效性的资源,则称为环境资源。

创业者获取创业资源的最终目的是为了组织这些资源来开发创业机会。无论是要素资源还是环境资源,无论它们是否直接参与企业的生产,它们的存在都会对创业绩效产生积极的影响。因此,创业者应当积极吸收各类创业资源,同时借助资源整合工具,将其转化为企业的竞争优势。表 4-3-1 所示为创业资源的具体内容及创业管理导向的领导观点。

表 4-3-1　创业资源的具体内容

资源分类		资源内容
物质资源	资金资源	及时的银行贷款和风险投资,各种政策性的低息或无偿扶持基金,以及写字楼或者孵化器所提供的便宜的租金
	人才资源	高级科技人才和管理人才的引进,高水平专家顾问队伍的建设,合格员工的雇佣
	管理资源	企业诊断,市场营销策划,制度化和正规化企业管理的咨询
	场地资源	场地内部的基础设施建设,便捷的计算机通信系统,良好的物业管理和商务中心,以及周边方便的交通和生活配套设施
	科技资源	对口的研究所和高校科研力量的帮助,与企业产品相关的科技成果,以及进行产品开发时所需要用到的专业化的科技试验平台
环境资源	信息资源	及时的展览会宣传和推介信息,丰富的中介合作信息,良好的采购和销售渠道信息
	政策资源	允许个人从事科技创业活动,允许技术入股,支持海外与国内的高科技合作,为留学生回国创业解决户口、子女入学等后顾之忧,以及简化政府办事手续
	文化资源	高科技企业之间相互学习和交流的文化氛围,相互合作和支持的文化氛围,相互追赶和超越的文化氛围
	品牌资源	借助大学或优秀企业的品牌,借助科技园或孵化器的品牌,以及借助社会上有影响力人士对企业的认可

4.3.2　何谓创业策划

学者 Gupta,MacMillan 和 Surie 在以往创业研究和全球型领导研究项目(Global Leadership and Organizational Behavior Effectiveness Research Program,简称 GLOBE)的基础上,研究认为创业型领导强调两方面的内容:创业愿景的设定和创业角色的设定,并且提出与之相对应的 5 种领导行为维度,每个维度对应一系列的领导特质和行为。阅读下表对创业型领到理论框架的释义,选择现实中几位成功创业者的案例,识别他们具有的创业型领导能力(见表4-3-2)。

表4-3-2 创业策划框架

维 度	角 色	特 征	解 释
信息设定	构建挑战(描述一个具有挑战性绩效但可以实现的结果)	绩效导向 雄心勃勃 信息灵通 拥有特殊的洞察力	设置一个高的绩效标准 设置高目标,工作努力 有知识的,对信息敏感 直觉
愿景设定	吸收不确定性(承担未来失败的责任)	愿景 远见 自信建立技能	拥有愿景并对未来富有想象力 预测未来可能发生的事件 逐步灌输别人以自信
战略设定	明晰路径(协商异议并理清愿景实现的路径)	富有策略 有效的谈判技巧 令人信服 鼓励	熟练的人际技巧 能有效地与人谈判并协商好的结果 拥有说服别人接纳己见的非凡能力 通过鼓励和建议予人自信和希望
任务设定	建立承诺(建立一个鼓舞人心的目标)	有鼓舞力 热忱 团队建立 卓越导向	鼓舞他人情绪、信仰、价值观、行为,鼓舞他人努力工作 呈现强烈、积极的工作情绪 使组织成员一起高效工作 寻求绩效的持续改进

续表

维 度	角 色	特 征	解 释
目标设定	界定领域（形成一致认识，认同什么能做和什么不能做）	整合能力 激发智力 积极 果断	使人和事有机地整合为工作整体 鼓励他人思考，挑战自身传统观念 乐观并且自信 迅速、坚定地做出决策

4.3.2.1 创业素质测评：人格五大维度

大量研究表明，人格的五大维度既是基本的，也是重要的。在许多情况下人们处在这些要素的何处对其行为——包括对他们所追求的成功都会产生重大影响。那么，你处在这些维度的什么地方呢？为了发现它，可以由认识你的人根据以下的每一项对你进行打分。他们应当采用7分制对这些项目进行打分，1分表示最低，7分表示最高，他们所提供的得分是非常粗糙的指标，表明你在人格的五大维度中的每一项所处的位置。（注意：由于它是非正式的练习，请用一种谨慎的健康心态去解释结果，见表4-3-3）。

表4-3-3 人格的五大维度

维 度	相关问题（请让非常熟悉你的人来回答）
尽 责	可信赖的程度 对工作熟练和有条理的程度 完成工作的认真程度
外 向	容易兴奋的程度 乐意结识新朋友的程度 令人愉快的和友好的程度
相处融洽	别人对你的信任程度 对别人的友好程度 与人合作的程度

续表

维　度	相关问题（请让非常熟悉你的人来回答）
情感稳定性	担忧的程度 情绪激动的频率 自信和安全可靠的程度
经历的开放性	喜欢变革的程度 所具有的好奇心程度

人生就如同长江流水，开始是涓涓溪流，后进入澎湃激昂的山涧支流，后到两岸宽阔、波涛汹涌的大江，最后流向平坦的入海口，终于汇入无边无际的汪洋大海。人到晚年，进入职业生涯后期，就如同百川归海时的最后阶段，明澈通透、胸怀坦荡，宽宽绰绰、浩浩荡荡，趋于平淡、回归自然。人至暮年，做适当修整，以一种平和坦荡的心态，迎着普照的夕阳余晖，满载金秋时光的辉煌成就，走向人生终点，这不能不说也是一种美好景象。

4.3.2.2　创业计划撰写

前面已经提到创业计划书撰写的目的，以及创业计划书撰写大纲的内容，本部分继续介绍创业计划书撰写大纲的其他内容。如图4-3-1所示。

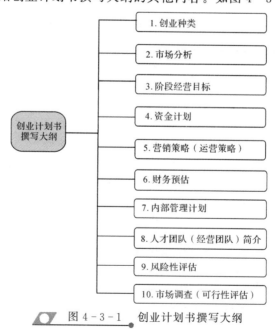

图4-3-1　创业计划书撰写大纲

4.4　创业营销

所谓创业营销,就是创业企业家凭借创业精神、创业团队、创业计划和创新成果,获取企业生存发展所必需的各种资源的过程,它实际上是一种崭新的创业模式。对于大多数年轻的创业者来说,既缺乏资金和社会关系,又缺乏商业经验,所拥有的只是创业激情和某种新产品的原始构思或某种新技术的初步设想。要获得成功,除了勇气、勤奋和毅力外,还必须依赖于有效的创业营销来获得创业所需的各种资源。

4.4.1　创业营销结构

一般企业的营销结构体系包括市场分析、营销策略和营销组织保障等部分。创业营销保持了一般营销的体系,但它着眼的市场进入过程中的市场分析、战略、策略、组织保障和安全等方面的问题。这里以市场进入为特征,提炼出创业营销的基本结构体系,如图4-4-1所示。

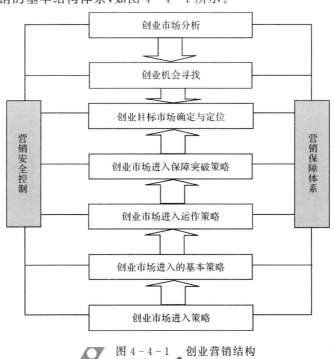

图4-4-1　创业营销结构

4.4.1.1 创业资源类型

创业者能否成功地开发出机会,进而推动创业活动向前发展,通常取决于他们掌握和能整合到的资源,以及对资源的利用能力。许多创业者早期所能获取与利用的资源都相当匮乏,而优秀的创业者在创业过程中所体现出的卓越创业技能之一,就是创造性地整合和运用资源,尤其是那种能够创造竞争优势,并带来持续竞争优势的战略资源。

尽管与已存在的进入成熟发展期的大公司相比,创业型企业资源比较匮乏,但实际上创业者所拥有的创业精神、独特创意以及社会关系等资源,却同样具有战略性。因此,对创业者而言,一方面要借助自身的创造性,用有限的资源创造尽可能大的价值,另一方面更要设法获取和整合各类战略资源。

创业资源分类的方法可以帮助我们进一步深入地认识创业资源。

林强、林嵩、姜彦福等人按照资源要素对企业战略规划过程的参与程度,认为创业资源有间接资源和直接资源之分。财务资源、管理资源、市场资源、人才资源是直接参与企业战略规划的资源要素,可以把他们定义为直接资源;政策资源、信息资源、科技资源这三类资源要素对于创业成长的影响更多的是提供便利和支持,而非直接参与创业战略的制定和执行,因此,对于创业战略的规划是一种间接作用,可以把它们定义为间接资源。根据上述分析,创业资源的概念模型,如图4-4-2所示。

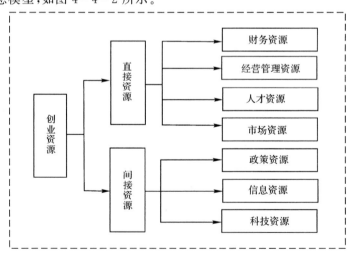

图4-4-2 林强等人的创业资源细分概念模型图

4.4.2 创业团队核心

团队并不等同于一般意义的"群体"。二者根本差别在于,团队中成员所做的贡献是互补的;而群体中成员之间的工作在很大程度上是互换的。具体表现在,团队的成员对是否完成团队目标一起承担成败责任并同时承担个人责任,而群体的成员则只承担个人成败责任;团队的绩效评估以团队整体表现为依据,而群体的绩效评估则以个人表现为依据;团队的目标实现需要成员间彼此协调且相互依存,而群体的目标实现却不需要成员间的相互依存性。此外,团队较之群体在信息共享、角色定位、参与决策等方面也进了一步。

一是进行创业者自我评估,注意团队成员相似性与互补性角色安排;二是选择合作伙伴,注意成员之间的情感性与认知性冲突问题。

无论新企业是由个人还是由团队创立的,如果要使它获得成功,就必须进行团队的再次开发,目的是形成一个优秀高效的团队。优秀创业团队的开发总体上包括培育优秀创业团队的理念、完善创业团队的激励机制。

创业团队具有动态渐进的演变属性,总体上分为"出生期""成长期""成熟期"三大阶段。

创业团队的创业精神包括以下四个维度:一是集体创新;二是分享认知;三是共担风险;四是协作进取。创业精神强化是指伴随着创业团队成员的结构变化,经由创业团队内成员间相互联系所形成的团队层次创业精神得到增强,并且,这种创业团队创业精神足以推进企业实现快速成长的一种趋势。如图4-4-3所示。

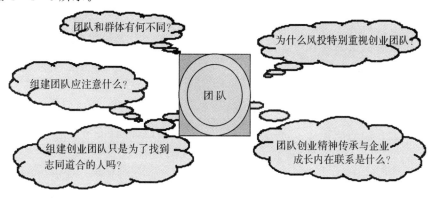

图4-4-3　影响团队角色行为的因素

创业团队调研的步骤如图4-4-4所示。

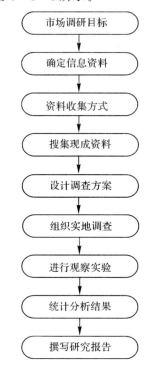

图4-4-4 创业团队调研的步骤

1.团队调研目标

创业市场调研的目的在于帮助创业者确定是否进入某一行业,以及进入该行业后如何准确地做出经营战略和营销决策。在市场调研之前,须先了解企业所面临的市场现状和亟待解决的问题,如产品销量、产品寿命、广告效果等,确定市场调研的目标和范围。

2.确定信息资料

市场信息浩若烟雨,企业进行市场调研时必须根据已确定目标和范围收集与之密切相关的资料,而没有必要面面俱到。纵使资料堆积如山,如果没有确定的目标,也只会事倍功半。

3.资料搜集方式

企业在进行市场调研时,搜集资料必不可少。而搜集资料的方式及其多样,企业必须根据所需资料的性质选择合适的方法,如实验法、观察法、调查法等。

4.搜集现成资料

为有效地利用企业现有资料和信息,首先应该利用室内调研方法集中搜集与既定目标有关的信息,这包括对企业内部经营资料、各级政府统计数据、行业调查报告和学术研究成果的搜集和整理。

5.设计调查方案

在尽可能充分地占有现成资料和信息的基础上,再根据既定目标的要求,采用实施调查方法,以获取有针对性的市场情报。市场调查几乎都是抽样调查,抽样调查最核心的问题是抽样对象的选取和问卷的设计。如何抽样,须视调查目的和准确性要求而定。而问卷的设计更需要有的放矢,完全依据要了解的内容拟定问句。

6.组织实地调查

实地调查需要调研人员直接参与,调研人员的素质影响着调查结果的正确性,因而首先必须对调研人员进行适当的技术和理论训练,其次还应该加强对调查活动的规划和监控,针对调查中出现的问题及时调整和补救。

7.进行观察试验

在调查结果不足以揭示既定目标要求和信息的广度与深度时,还可以采用实地观察和试验方法,组织有经验的市场调研人员对调查对象进行公开和秘密的跟踪观察,或是进行对比试验,以获得更具有针对性的信息。

8.统计分析结果

对获得的信息和资料进行进一步统计分析,提出相应的建议和对策是市场调研的根本目的。市场调研人员须以客观的态度和科学文化素质方法进行细致的统计计算,以获得高度概括性的市场动向指标,并对这些指标进行横向和纵向的比较、分析和预测,以揭示市场发展的现状和趋势。

4.5 创业实践

创业实践是自我能力锻炼和提高的一个重要方式,要想让自己面对更多社会上各种各样的人物,想增加自己的更多阅历,创业实践应结合我们实际情况,能真正从中得到收益,而不是为了实践而实践,为了完成任务而实践。在进行创业实践之前应该有一个明确的目标,为自己制定一个切实可行的计划。应注重实践的质量和效益,从过程中锻炼自己、提高能力。

对于大学生创业,国家给予政策优惠、资金扶持、能力指导等各方面的支持,自主创业成为很多将要毕业或已经毕业大学生的选择。但在市场经济中,创业的法律风险却不会因为是大学生创业而开"绿灯"。因此,创业者在利用国家或地方的优惠政策进行创业时,需掌握相关的法律知识,用法律保证企业的长远发展。

企业是大学生创业的载体,是创业活动能否成功的重要因素。了解企业有哪些法律形态,并且根据行业要求、资金状况、责权确立等来选择创立什么样的企业,能帮助大学生规避在创业过程中的风险,为创业活动的顺利开展提供保障。

4.5.1 企业注册程序

创业者获得了创建企业所需要的资金、管理团队等资源,并为企业设计好了企业名称,选好了经营地址,就可以到工商部门登记注册,设立企业了。

1. 办理工商登记注册程序

1)咨询后领取并填写《名称(变更)预先核准申请书》,同时准备相关材料;

2)递交《名称(变更)预先核准申请书》及相关材料,等待名称核准结果;

3)领取《企业名称预先核准通知书》,同时领取《企业设立登记申请书》等有关表格;经营范围涉及前置许可的,办理相关审批手续;到经工商局确认的人资银行开立入资专户;办理入资手续并到法定验资机构办理验资手续(以非货币方式出资的,还应办理资产评估手续及财产转移手续);

4)递交申请材料,材料齐全,符合法定形式的,等候领取《准予设立登记通知书》;

5)领取《准予设立登记通知书》后,按照《准予设立登记通知书》确定的日期到工商局交费并领取营业执照。具体工商登记程序如图4-5-1所示。

2. 办理工商登记注册应提交的文件、证件

1)《企业设立登记申请书》(内含《企业设立登记申请表》、《单位投资者(单位股东、发起者)名录》、《自然人股东(发起人)、个人独资企业投资人、合伙企业合伙人名录》、《投资者注册资本(注册资金、出资额)缴付情况》、《法定代表人登记表》、《董事长成员、经理、监事任职证明》、《企业住所证明》等表格);

2)公司章程(提交打印件一份,请全体股东亲笔签字;有法人股东的,要加盖该法人单位公章);

3)法定验资机构出具的验资报告;

4)《企业名称预先核准通知书》及《预核准名称投资人名录表》；

5)股东资格证明；

6)《指定(委托)书》；

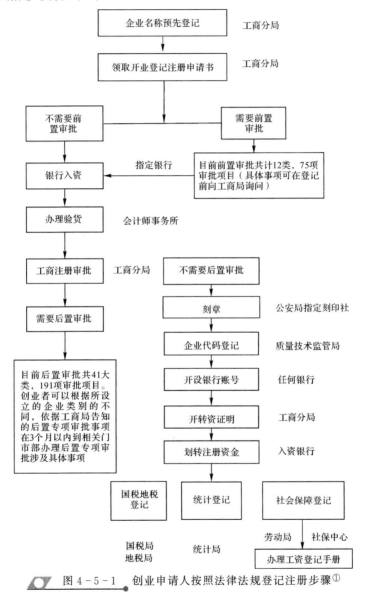

图 4-5-1 创业申请人按照法律法规登记注册步骤[1]

---

[1] 陈企华编著：《新开小公司必读》，北京工商联合出版社 2004 年版。

7)《企业秘书(联系人)登记表》;

8)经营范围涉及前置许可项目的,应提交有关审批部门的批准文件。

3.工商登记注册的审批

登记主管机关核准企业工商登记注册程序,是指有关法规、规章所规定的工商登记主管机关受理申请人的设立(开业)、变更或注销登记注册申请,审查核实。

1)申请人按照法律法规规定将申请登记报告和应提交的文件证明及填报的《登记注册书》送交登记主管机关后,登记主管机关将对其进行三方面的初审:①审查申请登记单位是否属于登记注册的范围和管辖范围;②审查提交的文件证明是否齐全有效;③审查《登记注册书》填写是否准确、清楚,符合上述条件的,登记主管机关方才做出受理决定,签发书面通知,并于受理之日起30日内做出核准或者不予核准的决定。因此,受理的时间是准确的、公开的、双方认同的。登记主管机关在签发书面通知的同时在《登记注册书》的有关栏目中签署受理意见和受理时间,也是明确双方的责任和作为双方诉讼的需要。如图4-5-2所示。

2)审查。审查是登记注册审批程序的中心环节。审查过程是登记主管机关具体贯彻执行国家有关法律、法规、规章、政策的过程,是对企业的设立方式、组织形式、登记事项是否真实,合法的鉴别过程。审查是指登记主管机关对申请人填报《登记注册书》和提交的有关文件证明的真实性、合法性以及有关登记事项和开办条件或变动、撤销条件进行的审理、核查的程序性行为。所谓"审理",就是登记主管机关对申请人提交的申请登记的各类文件证明的全部内容是否具有真实性、合法性和有效性、完整性进行综合评判,没有问题的予以肯定,有问题的提出解决问题的办法,不符合规定的予以驳回。所谓"核查",就是登记主管机关根据申请人的申请登记注册事由和提交的文件证明、章程等其他的有关材料,确认企业设立(或变更或注销)的条件和依据。

3)核准。核准是指等级主管机关对经过调查核实的申请登记注册材料进行全面复审,并签署同意登记注册、核发营业执照的结论性意见的行为。对于核准的,等级主管机关将负责通知申请人在指定的期限内办理领取执照手续;对不予核准的,也将通知申请人,并填发《驳回通知书》。

4)发照。发照是登记主管机关对核准登记注册的申请登记单位颁发《企业法人营业执照》或《营业执照》的行为。在颁发执照前,登记主管机关将通知企业的法人代表人或负责人领取执照,企业的法人代表或负责人应办理签字备案手续。

5)公告。公告是登记主管机关以其名义向社会公众公开告知企业已依法成立的行为。

4.5.2 商业模式开发

商业模式的含义在现有的研究中讨论非常丰富,这里我们将商业模式定义为创业过程中,新创企业所需要的各种生产要素和支持条件。根据林强(2007)的研究,可以按照资源对企业成长的作用将其分为两大类;那些直接参与企业日常生产、经营活动的资源,称为要素商业模式资源;而那些虽然未直接参与企业生产,但是其存在极大地提高了企业运营有效性的资源,则称为环境资源。

创业者获取商业模式的最终目的是为了组织这些资源来开发创业机会。无论是要素商业模式资源还是环境商业模式资源,无论它们是否直接参与企业的生产,它们的存在都会对创业绩效产生积极的影响。因此,创业者应当积极吸收各类商业模式,同时借助资源整合工具,将其转化为企业的竞争优势。

资源基础论(Resource-Based Theory)是资源整合的出发点,为企业的资源整合和核心竞争力的构建之间搭起了一个过渡的桥梁,指明了资源整合的途径和思路。资源基础论认为,资源是企业能力的来源,企业能力是企业核心竞争力的来源,核心竞争力是竞争优势的基础。因此,要想形成企业的竞争优势,必须从企业的资源出发,不断整合,最终形成企业的竞争优势。

4.5.2.1 企业组织成立

(1)审查。审查是登记注册审批程序的中心环节。审查过程是登记主管机关具体贯彻执行国家有关法律、法规、规章、政策的过程,是对企业的设立方式、组织形式、登记事项是否真实,合法的鉴别过程。审查是指登记主管机关对申请人填报《登记注册书》和提交的有关文件证明的真实性、合法性以及有关登记事项和开办条件或变动、撤销条件进行的审理、核查的程序性行为。所谓"审理",就是登记主管机关对申请人提交的申请登记的各类文件证明的全部内容是否具有真实性、合法性和有效性、完整性进行综合评判,没有问题的予以肯定,有问题的提出解决问题的办法,不符合规定的予以驳回。所谓"核查",就是登记主管机关根据申请人的申请登记注册事由和提交的文件证明、章程等其他的有关材料,确认企业设立(或变更或注销)的条件和依据。

(2)核准。核准是指等级主管机关对经过调查核实的申请登记注册材料进行全面复审,并签署同意登记注册、核发营业执照的结论性意见的行为。对于核准的,等级主管机关将负责通知申请人在指定的期限内办理领取执照手续;对不予核准的,也将通知申请人,并填发《驳回通知书》。

(3)发照。发照是登记主管机关对核准登记注册的申请登记单位颁发《企业法人营业执照》或《营业执照》的行为。在颁发执照前,登记主管机关将通知企业的法人代表人或负责人领取执照,企业的法人代表或负责人应办理签字备案手续。

(4)公告。公告是登记主管机关以其名义向社会公众公开告知企业已依法成立的行为。如图4-5-2所示。

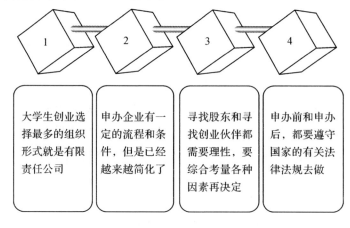

图4-5-2 企业组织成立

4.5.2.2 各种企业组织形式的优劣比较

各种法律组织形式没有绝对的好坏之分,对创业者来说各有利弊,但无论选择哪种形式,都必须根据国家的法律法规要求和新创企业的实际情况,科学衡量各种组织形式的利弊,决定合适的组织形式。按照我国的《个人独资企业法》《公司法》和《合伙企业法》有关法律条款的规定,新创企业可选择的组织形式有个人独资企业、合伙企业、有限责任公司和股份有限责任公司,见表4-5-1。

表4-5-1 各种企业组织形式的优劣比较

企业组织形式	优势	劣势
个人独资企业	企业设立手续非常简便,且费用低 所有者拥有企业控制权 可以迅速对市场变化做出反应 只需交纳个人所得税,无须双重课税 在技术和经营方面易于保密	创业者承担无限责任 创业成功过多依赖企业者个人 筹资困难 企业随着创业者的退出而消亡,寿命有限 创业者投资的流动性低
合伙企业	创办比较简单 经营比较灵活 企业拥有更多人的技能和能力 资金来源较广,信用度较高	合伙企业人承担无限责任 企业绩效依赖合伙人能力,企业规模受限 企业往往因关键合伙人的死亡或退出而解散 合伙人的投资流动性低,产权转让困难
有限责任公司	创业股东只承担有限责任,风险小 公司具有独立寿命,易于存续 可以吸纳多个投资人,促进资本集中 多元化产权结构有利于决策科学化	创立的程序比较复杂,创立费用较高 存在双重纳税问题,税收负担较重 不能公开发行股票,筹集资金的规模受限 产权不能充分流动,资产运作受限

续表

企业组织形式	优 势	劣 势
股份有限公司	创业股东只承担有限责任,风险小 筹资能力强 公司具有独立寿命,易于存续 职业经理人进行管理,管理水平高 产权可以以股票形式充分流动	创立的程序复杂 存在双重纳税问题,税收负担较重 股份有限责任公司要定期报告公司的财务状况,公开自己的财务数据,不便严格保密 政府限制较多,法规的要求比较严格

对个人创业者来讲,一般采取个人独资企业和合伙企业的形式。当企业发展到一定规模,就可以改组为公司企业的形式。

各种法律组织形式没有绝对的好坏之分,对创业者来说各有利弊,但无论选择哪种形式,都必须根据国家的法律法规要求和新创企业的实际情况,科学衡量各种组织形式的利弊,决定合适的组织形式,见表4-5-2。按照我国的《个人独资企业法》《公司法》和《合伙企业法》有关法律条款的规定,新创企业可选择的组织形式有个人独资企业、合伙企业、有限责任公司和股份有限责任公司。

表4-5-2 各种企业组织形式的对比

项 目	个人独资企业	合伙企业	股份有限公司	有限责任公司
投资者	安全民事行为能力的自然人。法律、行政法规禁止从事营利性活动的人除外	安全民事行为能力的自然人。法律、行政法规禁止从事营利性活动的人除外	无特别要求。法人、自然人皆可	无特别要求。法人、自然人皆可
注册资本	投资者申报	协议约定	500万元人民币	3万元人民币
法律依据	个人独资企业法	合伙企业法	公司法	公司法

续表

项目	个人独资企业	合伙企业	股份有限公司	有限责任公司
法律基础	无章程或协议	合伙企业	公司章程	公司章程
法律地位	非法人经营主体	非法人营利性组织	企业法人	企业法人
责任形式	无限责任	无限连带责任	有限责任	有限责任
经营主体	投资者及其委托人	合伙人共同经营	股东不一定参加经营	股东不一定参加经营
出资	投资者申报	约定：货币、实物、约定土地使用权、知识产权或者其他财产权利、劳务	法定：货币、实物、知识产权、土地使用权	法定：货币、实物、知识产权、土地使用权
组建企业的成本与难易	成本低，易建立	成本低，易建立	成本高，建立复杂	成本高，建立相对容易
财产权性质	投资者个人所有	合伙人所有	法人财产权	法人财产权
出资转让	可继承	一致同意	完全转让	股东过半数同意
事物决定权	投资者个人	全体合伙人或从约定	股东会	股东会
利亏分担	投资者个人	约定，未约定则均分	投资比例	投资比例
解散程序	注销	注销	注销并公告	注销并公告
解散后义务	5年内承担责任	5年内承担责任	无	无

1.适合大学生初次创业选择的企业形式列表

对于初次创业的大学生来说,选择好适合自身情况的企业形式非常重要,表4-5-3中列举了大学生初次创业更适合选择的企业形式,大学生可从表中较为详细地了解各种形式的优点、缺点及设立条件。

表4-5-3 适合大学生初次创业选择的企业形式列

形 式	优 点	缺 点	设立条件
个体工商户、个人独资企业	财产关系简单,归个人所有创业者有完全的经营自主权保密性好,保护商业秘密启动资金少,优惠政策多	抗风险性差,创业者需对企业承担无限责任发展性差,难以吸引资金、人才和技术	投资人数为一人。个体、独资的投资人为自然人,一人有限责任公司也可以是法人
有限责任公司	几乎拥有个体工商户、个人独资企业所有的优点创业风险较低,股东只需对公司承担有限责任	注册资本最低限额为10万元人民币一个自然人只能投资设立一个一人有限责任公司股东必须证明公司财产独立于自己的个人财产,否则要对公司债务承担连带责任	有合法的企业名称(个体工商户可以不取字号名称)依法出资。个体、独资按投资人申报的出资,一人有限责任公司需足额缴纳不低于10万元人民币有固定的生产经营场所和必要的生产经营条件一人有限责任公司需制订公司章程

续表

形　式	优　点	缺　点	设立条件
合伙企业	人多力量大。不仅是人数的增加,同时增加的还有资金、技术、经验和智慧机制灵活,能够吸引更多的人参与,允许劳务出资允许有限合伙人的参与,有利于吸引风险资本的投	注册资本最低限额为10万元人民币一个自然人只能投资设立一个一人有限责任公司股东必须证明公司财产独立于自己的个人财产,否则要对公司债务承担连带责任	有合法的企业名称(个体工商户可以不取字号名称)依法出资。个体、独资按投资人申报的出资,一人有限责任公司需足额缴纳不低于10万元人民币有固定的生产经营场所和必要的生产经营条件一人有限责任公司需制订公司章程
有限责任公司	抗风险性强,公司财产与股东财产相互独立,公司具有独立法人资格适应性强,成长性好,适用于一切行业,具有发展空间制度规范,所有权与经营权分离,提升企业的管理水平信用等级高,融资能力强	法律规范要求严格,对管理水平提出更高的要求相较于股份有限公司,有限责任公司的融资手段有限,缺乏在短时间内大量集资的能力,限制了公司规模的扩张大股东控制的现象比较普遍,不利于小股东权益的保护	股东符合法定人数(2～50人)股东出资达到法定注册资本最低限额(人民币3万元,不能以劳务出资)股东共同制订公司章程有公司名称,建立符合有限责任公司要求的组织机构有公司住所

4.5.2.3　不同创业类型的对比

在这个过程中,首先从创业者的创业动机出发,当创业者形成了一定的想法,识别出了若干商业机会,进一步通过相应的企业战略来整合、利用资源,进而实现商业机会并创建企业。由此我们可以感知,创业过程中关键环节有创业者、创业动机、商业机会、企业战略、初始资源。这4个关键环节往往决定了创业活动开展的方式和性质,因此这些因素也就成了系统划分创业类型所必须要考虑的因素。

毕海德教授运用经济学的基本常识,结合大量的实际调查资料,对不同类型的创业活动做了深入而形象的对比,见表4-5-4所示。

表4-5-4 不同创业类型的对比

因 素	冒险型的创业	与风险投资融合的创业	大公司的内部创业	革命性的创业
创业的特点	关注不确定性程度高,但投资需求少的市场机会	关注不确定性程度低的、广阔而且发展快速的市场和新产品或技术	关注少量的经过认真评估的有丰厚利润的市场机会,回避不确定性程度大的市场	技术或生产经营过程方面实现巨大创新,向顾客提供超值的产品或服务
创业的有利因素	创业的机会成本低,技术进步等因素使得创业机会增多	有竞争力的管理团队,清晰的创业计划	拥有大量的资金,创新绩效直接影响晋升市场,调研能力强	无与伦比的创业计划,财富与创业精神集于一体
创业的不利因素	缺乏信用,难以从外部筹措资金,缺乏技术管理和创业经验	尽力避免不确定性,追求短期快速成长、市场机会有限、资源的限制	创业的控制系统不鼓励创新精神,缺乏对不确定性机会的识别和把握能力	大量的资金需求,大量的前期投资
成功基本因素	创业家及其团队的智慧	企业家团队的创业计划和专业化管理能力	组织能力、跨部门的协调及团队精神	创业者的超强能力确保成功的创业计划
吸引顾客的途径	上门销售和服务了解顾客的真正需求	目标市场清晰	信誉、广告宣传能力关于质量服务等多方面的承诺	集中全力吸引少数的大顾客

续表

因　素	冒险型的创业	与风险投资融合的创业	大公司的内部创业	革命性的创业
获取资源	固定成本低竞争不是很激烈	个人的信誉股票及多样化的激励措施	良好的信誉和承诺资源提供者的转移成本低	富有野心的创业计划

1.美国创业教育的发展

作为新经济的发源地,美国的创业活动发展一直是世界各国积极借鉴的对象。与此相对应,美国的创业教育一直在迅速发展之中,根据现有的资料分析,美国的创业教育发展过程可以分为3个阶段。

1)萌芽阶段(1947—1970年):1947年哈佛商学院的迈赖斯·迈斯(Myles Mace)为MBA学生开设了一门新课程——《新创企业管理》,这被后来众多的创业学研究者们认为是美国大学创业教育中的第一门课程,也是创业教育在大学的首次出现。1949年第一本关注创业者的研究性期刊《创业历史探索》由哈佛大学出版,1958年由于种种原因停办。总体说来,由于第二次世界大战结束之后美国处于工业经济蓬勃发展的阶段,创业型经济尚缺乏必要的成长土壤,因此这一时期创业教育并没有得到较大的发展。

2)起步阶段(1970—1990年):这一时期是美国的创业型经济开始迅速发展的阶段,创业活动成为美国经济发展的一个重要的发动机,硅谷的创业故事成为人们津津乐道的传奇故事,创业教育也日益受到重视。20世纪70年代初,仅有16所大学开设了创业课程;1979年时就有127所在本科生中开设了创业教育课程;1982年时增加到315所;1986年时有590所;到1989年数量达到1 060所[1]。与此同时,这一时期一些重要的创业学术期刊也相继出现,包括《小企业管理期刊》(The Journal of Small Business Management)、《创业理论与实践》(Entrepreneurship Theory and Practice)、《创业学杂志》(Journal of Business Venturing)等。

---

[1] Solomon G T, Fernald L W. Trends in Small Business and Entrepreneurship Education in the United States. Entrepreneurship: Theory & Practice, 1991, 15(3): 25—40.

3)成熟阶段(1990至今):在20世纪90年代以来的10余年中,以硅谷为发源地的新经济成为美国经济的重要支撑,创业活动以其巨大魅力成为社会各界人士的关注对象,创业领域的学术研究也日益丰富,越来越多的学者倾向于把创业领域作为一个独立的管理领域加以研究和考察。在这一背景下,创业教育也到了发展的成熟阶段。2005年初,全美已经有1 600多所高等院校开设了创业相关的课程,同时形成了一整套系统的创业教育体系。社会对创业教育的关注程度与日俱增。一些著名的杂志,如《成功》及《创业者》每年都要进行全美创业教育项目的排名,排名已经开始影响到各校的招生情况与经济收入。排名越靠前的项目接到的咨询、申请就越多,入学率也越高。这一点已经引起了各大学商学院的高度重视,这种排名也已成为衡量各校创业教育工作进展的一个标准。

2.马云的创业历程

马云的创业历程始于杭州海博翻译社。20世纪90年代初的杭州乃至全国都欠缺英语人才,英语人才可谓供不应求,这就呼唤英语人才输出机构或翻译机构的出现,创业机会表现为某种尚未得到完全满足的市场需求。当时请马云做翻译的人很多,以至于他一个人根本忙不过来,于是就萌生了成立翻译社的主观愿望,创业机会表现为仅凭一己之力无法满足的市场需求。同时马云发现,自己身边的同事,尤其是一些退休的老教师,整日赋闲在家,不仅心理上十分落寞,而且经济上也很拮据,他们有诉求更大价值的强烈动机,这使得共建翻译社成为可能,创业机会表现为有待充分利用的产品生命周期。成立一家专业的翻译机构,不仅可以减轻自己的负担,而且可以让同事赚点外快,即创业机会表现为可以实现帕累托改进产品生命周期,见表4-5-5。

表4-5-5 马云创业历程分析表

创业历程	原初形态		环境因素	可能事件
	市场需求	资源能力		
海博翻译社	市场欠缺英语人才、马云一人忙不过来	赋闲在家的英语老师	市场经济体制	减轻自己的负担、让同事赚点外快

续表

创业历程		原初形态		环境因素	可能事件
		市场需求	资源能力		
中国黄页		企业有通过Internet获取生意的潜在需求	马云团队的客户开发、Vbn公司的服务器和技术	上海率先在中国内地开通互联网专线	客户获取生意、公司获取利润
阿里巴巴集团	阿里巴巴B2B	中小企业对电子商务的巨大需求	信息化、全球化	中国加入世贸组织、成为世界工厂	中国供应商、竞价排名等服务使客户和自己获利
	淘宝网	eBay在亚洲的经营手段和市场存在着一定的差距	阿里巴巴具备战胜eBay的资源和能力	eBay易趣的国内平台和国际平台对接、巨资投放广告	战胜eBay、打造更加安全高效的网络交易平台
	支付宝	在网络上实现安全支付	互联网+	中国进入信用重建期、PayPal模式不适应中国国情	与大型商业银行合作共赢

后　记

本书以陕西省委高教工委辅导员精品项目课题研究所形成的研究成果为依托,对相关文献进行筛选,精心编著而成。在撰写过程中得到了陕西省委高教工委、西北工业大学党委、西北工业大学明德学院、西北工业大学出版社的大力支持,在此表示由衷的感谢。

在本书的编写过程中,编写者参阅了学者的大量文献资料和最新研究成果,没有这些资料做参考,本书是难以成册的。在此,特向这些未曾蒙面的朋友们表示真诚的谢意。西北工业大学明德学院的张亚平、邹光成、辛浩、曹维娜、张国文、杨帆、郭倩倩、胡晶、王雨、薛姣、马莎莎、胡睿、王晶、刘佳老师等参与了课题研究和校对工作,在此谨致诚挚的谢意!

"工欲善其事,必先利其器",一本《高等学校辅导员工作理论与实务》一定能帮您在前进的路上披荆斩棘,事半功倍。希望本书能帮助您熟悉工作理论和实务,增强高等学校辅导员的能力和信心。

最后,再次祝愿每位高等学校辅导员都能够在工作岗位上施展才华!

作　者
2017 年 6 月

参考文献

[1] 中共中央宣传部.习近平总书记系列重要讲话读本[M].北京:学习出版社,2016.

[2] Warfield J N. Twenty Laws of Complexity:Science Applicable in Organizations[J]. Systems Research and Behavioral Science,1999(16).

[3] Yates R.Japanese Managers Say They're Adopting Some U.S.Ways[J]. Chicago Tribune,1992(6):77-82.

[4] Lundy O,Cowling M.Strategic Human Resource Management[M]. London:Routledge,1996(3):27-33.

[5] Geriant Johnes,The Economics of Education[M].New York:St.Martin's Press,1993(7):127.

[6] 斯蒂芬·P.罗宾斯.管理学:工商管理经典译丛[M].李原,等,译.北京:中国人民大学出版社,2012.

[7] 霍华德·加德纳.智能的结构[M].沈致隆,译.北京:中国人民大学出版社,2008.

[8] 斯蒂芬·P.罗宾斯,蒂莫西·P.贾奇.组织行为学[M].李原,孙健敏,译.北京:中国人民大学出版社,2008.

[9] 斯蒂芬·P.罗宾斯.管理学[M].孙健敏,等,译.北京:中国人民大学出版社,2004.

[10] 伊普里戈金,伊斯唐热.从混沌到有序:人与自然的对话[M].曾庆宏,沈小峰,译.上海:上海译文出版社,2005.

[11] 伦恩伯格,奥恩斯坦.教育管理学:理论与实践[M].孙志军,译.北京:中国轻工业出版社,2003.

[12] 霍伊,马萨尔.教育管理学:理论、研究与实践[M].陕西:陕西师范大学出版社,2005.

[13] 米切尔·B.保尔森,约翰·C.斯玛特.高等教育财政:理论、研究、政策与实践[M].孙志军,成刚,郑磊,等,译.北京:北京师范大学出版社,2008.

[14] 约翰·罗尔斯.正义论[M].何怀宏,何包钢,廖申白,译.北京:中国社会科学出版社,2009.

[15] 马克思.政治经济学批判大纲:草稿[M].刘萧然,译.北京:人民出版社,1963.

[16] 马克思,恩格斯.马克思恩格斯全集[M].中共中央马克思恩格斯列宁斯大林著作编译局,译.北京:人民出版社,1972.

[17] 库洛特克,霍志茨.创业学:理论流程与实践[M].6版.北京:清华大学出版社,2004.

[18] 史蒂夫,马里奥蒂.创业管理:创立并运营小企业[M].2版.北京:电子工业出版社,2012.

[19] 刘平,李坚,王启业.创业学:理论与实践[M].2版.北京:清华大学出版社,2011.

[20] 倪杰.管理学原理[M].2版.北京:清华大学出版社,2015.

[21] 黄煜峰,荣晓华.管理学原理[M].2版.大连:东北财经大学出版社,2002.

[22] 戴国良.图解管理学[M].2版.北京:电子工业出版社,2014.

[23] 周鸿.管理大师经典微语录:轻松图解版[M].北京:人民邮电出版社,2014.

[24] 焦小谋.企业人力资源管理:理论与案例[M].北京:北京科学技术出版社,1997.

[25] 张海经.现代学校管理制度的探索与实践[M].广东:广东教育出版社,2013.

[26] 朱洪生,俞卫东,简祖平,等.国家级教学成果奖江苏专辑[J].中国职业技术教育,2015(17):55—86.

[27] 黄欣荣.复杂性科学的方法论研究[M].重庆:重庆大学出版社,2006.

[28] 杨善林,胡小建.复杂决策任务的建模与求解方法[M].北京:科学技术出版社,2007.

[29] 李士勇,等.非线性科学与复杂性科学[M].哈尔滨:哈尔滨工业大学出版

社,2006.

[30] 北京大学现代科学与哲学研究中心.复杂性新探[M].北京:人民出版社,2007.

[31] 袁振国.教育新理念[M].北京:教育科学出版社,2007.

[32] 李肖鸣.大学生创业基础[M].北京:清华大学出版社,2009.

[33] 颜海.创业全程攻略[M].武汉:武汉大学出版社出版,2013.

[34] 魏拴成,姜伟.创业学创业思维·过程·实践[M].北京:机械工业出版社出版,2013.

[35] 张玉利.创业管理:基础版[M].3版.北京:机械工业出版社,2013.

[36] 龚荒.创业管理:理论、实训、案例[M].北京:机械工业出版社,2013.

[37] 黄崴.20世纪西方教育管理理论的发展:人本主义教育管理理论[J].华东师范大学学报:教育科学版,2001(1):62-67.

[38] 宋扬.论以人为本的管理思想在学校发展中的运用[J].江西教育科研,2001.(6):54-57.

[39] 戚业国.代蕊华.本科教学质量保障体系建设的思想与方法[J].教师教育研究,2007(3):22-25.

[40] 孙荪.基于质量控制点和质量标准构建高校教学质量保障体系[J].科教文汇,2011(11):121-130.

[41] 汤潇林.构建高校内部教学质量保障体系的思考[J].黑龙江教育:高教研究与评估,2011(9):28-32.

[42] 王佳.独立学院教学质量监控体系的架构研究[J].吕梁教育学院学报,2011(3):19-21.

[43] 高静川.高校教学质量监控与保障体系的构建[J].海南师范大学学报:社会科学版,2011(2):64-67.

[45] 党传升,等.构建本科教学质量保障体系的理念与实践[J].中国大学教学,2010(3):11-15.

[46] 贺祖斌."后评估"时期高等学校教学质量保障长效机制的建立[J].中国大学教学,2009(3):29-31.

[47] 黄爱华.英美大学教学质量保障体系探析[J].现代教育科学:高教研究,

2011(1):99-102.

[48] 李青.运行监控并举 构建教学质量管理体系[J].中国高等教育,2010(5):51-56.

[49] 盖格.私立高等教育公共政策:在经济现代化过程中私立高等教育的角色[J].北京大学教育评论,2003(4):39-43.

[50] 杨振滨,冯刚.高等学校辅导员培训教程[M].北京:高等教育出版计,20016.

[51] 陈立民.高等辅导员工作理论与实务[M].北京:中国言实出版社,2006.

[52] 李忠军.高校辅导员工作案例研究方法与实证[M].北京:人民出版计,2010.

[53] 窦志梅,姬兴江.高校辅导员实用手册[M].昆明:云南大学出版社,2011.